كرسبي ديلايتس: كتاب طهي المقلاة الهوائية المطلق

D1806425

اكتشف 100 وصفة سهلة وسريعة للمقلاة الهوائية لوجبات لذيذة وصحية

جلوريا أندرسون

تنصل

المعلومات الواردة في هذا الكتاب الإلكتروني إلى أن تكون بمثابة مجموعة شاملة من الاستراتيجيات التي أجرى مؤلف هذا الكتاب الإلكتروني بحثًا عنها. يوصى المؤلف فقط بالملخصات والاستراتيجيات والنصائح والحيل ، ولن تضمن قراءة هذا الكتاب الإلكتروني أن تعكس نتائج الشخص نتائج المؤلف تمامًا. بذل مؤلف الكتاب الإلكتروني كل الجهود المعقولة لتوفير معلومات حديثة ودقيقة لقراء الكتاب الإلكتروني. لن يكون المؤلف وشركاؤه مسؤولين عن أي خطأ أو سهو غير مقصود قد يتم العثور عليه. قد تتضمن المواد الموجودة في الكتاب الإلكتروني معلومات من أطراف ثالثة. تتضمن مواد الجهات الخارجية الآراء التي أعرب عنها أصحابها. على هذا النحو ، لا يتحمل مؤلف الكتاب الإلكتروني المسؤولية أو المسؤولية عن أي مواد أو آراء خاصة بطرف ثالث. سواء كان ذلك بسبب تقدم الإنترنت ، أو التغييرات غير المتوقعة في سياسة الشركة وإرشادات التقديم التحريري ، فإن ما تم ذكره كحقيقة في وقت كتابة هذا التقرير قد يصبح قديمًا أو غير قابل للتطبيق لاحقًا.

جدول المحتويات

4

6

مقدمة

هل تبحث عن طريقة لطهي الأطعمة المفضلة لديك دون الشعور بالذنب من فائض الزيوت والشحوم؟ لا تنظر أبعد من المقلاة الهوائية! يستخدم جهاز المطبخ المذهل هذا دوران الهواء الساخن لطهي الطعام بشكل مثالي ومقرمش ، كل ذلك أثناء استخدام القليل من الزيت أو بدونه. ستجد في كتاب الطبخ هذا مجموعة كبيرة من الوصفات التي ليس من السهل صنعها فحسب ، بل إنها صحية ولذيذة أيضًا. من الأطعمة الكلاسيكية المريحة مثل الدجاج المقلي والبطاطا المقلية ، إلى المزيد من الخيارات الغريبة مثل الفلافل والدجاج الكوري المقلي ، هناك شيء للجميع في كتاب الطبخ هذا. لذا احصل على المقلاة الهوائية واستعد للاستمتاع بالمأكولات المقرمشة دون الشعور بالذنب!

إفطار وبرانش ـ

1. أومليت البصل والجبن

التقديم: 1

مكونات:

- 2 بيض
- 2 ملاعق كبيرة جبن شيدر مبشور
- 1 ملعقة صغيرة صوص صويا $\frac{1}{2}$ بصل مقطع شرائح
- نصف ملعقة صغيرة فلفل
- 1 ملعقة طعام زيت زيتون

الاتجاهات :

(a)   اخفقي البيض مع الفلفل وصلصة الصويا.

(b)   سخن المقلاة الهوائية على 350 درجة فهرنهايت.

(c)   سخني زيت الزيتون وأضيفي خليط البيض والبصل. طهي لمدة 8 إلى 10 دقائق.

(d)   ضعي فوقها جبنة الشيدر المبشورة.

2. بيض مطبوخ تقليدي

6 خدمات

مكونات:

- 6 بيضات كبيرة

الاتجاهات :

(a) سخن المقلاة الهوائية على 300 درجة فهرنهايت.

(b) ضع البيض في سلة المقلاة الهوائية واخبزه لمدة 8 دقائق على الأقل للحصول على صفار سائل قليلًاأو 12 إلى 15 دقيقة للحصول على صفار أقوى.

(c) باستخدام الملقط ، ضع البيض في وعاء به ماء مثلج.

(d) اتركه يبرد في الماء البارد لمدة 5 دقائق.

(e) قشر وقدم.

3. توست الفانيليا

6 خدمات

مكونات:

- 12 شريحة خبز كوب سكر
- 1 ملعقة صغيرة قرفة
- 1 قطعة زبدة طرية
- 1 ملعقة صغيرة فانيليا

الاتجاهات :

a) سخن المقلاة الهوائية على 400 درجة فهرنهايت. امزج جميع المكونات في وعاء ما عدا الخبز. انشر خليط الزبدة القرفة على شرائح الخبز.

b) ضع شرائح الخبز في المقلاة الهوائية. طهي لمدة 5 دقائق.

4. عصيدة بذور الكتان

يخدم 4

مكونات:

- 2 كوب شوفان مقطع صلب
- 1 كوب بذور الكتان
- 1 ملعقة كبيرة زبدة فول سوداني
- 1 ملعقة كبيرة زبدة
- 4 أكواب حليب
- 4 ملاعق كبيرة عسل

الاتجاهات :

(a) سخن المقلاة الهوائية على 390 درجة فهرنهايت. اجمع كل المكونات في وعاء فرن.

(b) توضع في المقلاة الهوائية وتُطهى لمدة 5 دقائق.

(c) يقلب ويقدم.

5. مقلاة إير فراير إس مخفوقة _

مكونات:

- 1/3 ملعقة كبيرة زبدة غير مملحة

- 2 بيض

- 2 ملاعق كبيرة حليب

- الملح والفلفل حسب الذوق

- 1/8 كوب جبن شيدر

الاتجاهات :

(a) ضعي الزبدة في مقلاة آمنة للفرن / الهواء وضعيها داخل المقلاة الهوائية.

(b) يُطهى على حرارة 300 درجة حتى تذوب الزبدة ، لمدة دقيقتين تقريبًا.

(c) اخفقي البيض والحليب معًا ، ثم أضيفي الملح والفلفل حسب الرغبة.

(d) ضعي البيض في المقلاة واطهيه على حرارة 300 درجة لمدة 3 دقائق ، ثم ادفع البيض إلى داخل المقلاة لتقليبها.

e) يُطهى لمدة دقيقتين إضافيتين ثم يُضاف جبن الشيدر مع تحريك البيض مرة أخرى.

f) طهي دقيقتين إضافيتين.

g) أخرج المقلاة من المقلاة الهوائية واستمتع بها على الفور.

6. بيض سكوتش المقلاة الهوائية

الحصص: 4

مكونات:

- 1 رطل (453.59 جم) نقانق لحم خنزير سائب
- 1 ملعقة كبيرة ثوم معمر مفرومة ناعماً
- 2 ملاعق كبيرة بقدونس طازج مفروم ناعماً
- 1/8 ملعقة صغيرة من جوز الطيب المطحون
- 1/8 ملعقة صغيرة ملح كوشير
- 1/8 ملعقة صغيرة فلفل أسود مطحون
- 4 بيضات مسلوقة مقشرة
- 1 كوب (100 جم) جبن بارميزان مبشور
- 2 ملعقة صغيرة خردل مطحون خشن

الاتجاهات :

a) للبيض: في وعاء كبير ، يُمزج السجق والخردل والثوم المعمر والبقدونس وجوزة الطيب والملح والفلفل الأسود. امزج بلطف حتى يمتزج كل شيء جيدًا. شكلي الخليط في أربع قطع صغيرة متساوية الحجم.

b) ضع كل بيضة على قطعة نقانق وشكل النقانق حول البيضة. اغمس كل منها في جبن البارميزان المبروش لتغطي بالكامل ، مع الضغط برفق حتى تلتصق. تأكد من أن قطع الجبن مضغوطة جيدًا في اللحم حتى لا تتطاير في المقلاة الهوائية.

c) رتب البيض في سلة المقلاة الهوائية. رش بخفة بزيت نباتي غير لاصق. اضبط المقلاة على 400 درجة فهرنهايت لمدة 15 دقيقة. في منتصف وقت الطهي ، اقلب البيض ورشه بالزيت النباتي.

7. طاجن الإفطار

المحصول: 8

مكونات:

- 1 رطل نقانق مطحونة
- 1/4 كوب بصل أبيض مكعبات
- 1 مكعبات فلفل أخضر
- 8 بيض كامل مخفوق
- 1/2 كوب جبن كولبي جاك مبشور
- 1 ملعقة صغيرة بذور شمر
- 1/2 ملعقة صغيرة ملح ثوم

الاتجاهات :

a) يُضاف البصل والفلفل ويُطهى مع السجق المطحون حتى تنضج الخضار وتنضج النقانق.

b) رش مقلاة الهواء برذاذ طهي غير لاصق.

c) ضعي خليط السجق المطحون في قاع الصينية.

d) وزعي الجبن بالتساوي.

e) يُسكب البيض المخفوق بالتساوي على الجبن والسجق.

f)   أضيفي بذور الشمر وملح الثوم بالتساوي فوق البيض.

g)   ضع الرف في الوضع المنخفض في المقلاة الهوائية ، ثم ضع المقلاة في الأعلى.

h)   اضبط على Air Crisp لمدة 15 دقيقة عند 390 درجة.

i)   إذا كنت تستخدم مقلاة هوائية ، ضع الطبق مباشرة في سلة المقلاة الهوائية واطهيه لمدة 15 دقيقة على 390 درجة.

j)   قم بإزالته وتقديمه بعناية.

8.جرانولا منزلية سهلة الصنع

يجعل 4

مكونات:

- 2 كوب (220 جم) جوز البقان المفروم

- 1 كوب (85 جم) جوز هند مزيف

- 1 كوب (122 جم) لوز مقشر

- 1 ملعقة صغيرة (2.6 جم) قرفة

- 1 ملعقة كبيرة (18 جرام) بخاخ زيت جوز الهند

الاتجاهات :

(a) في وعاء كبير ، اخلطي البقان ورقائق جوز الهند واللوز المقطع والقرفة المطحونة.

(b) قم برش رذاذ زيت جوز الهند برفق ، ثم قم برش رذاذ خفيف مرة أخرى.

(c) قم بتبطين سلة المقلاة الهوائية بورق الخبز.

(d) صب الخليط في السلة.

(e) يُطهى على حرارة 160 درجة مئوية ، لمدة 4 دقائق ، ويُقلب ويُطهى لمدة 3 دقائق أخرى.

9. بيتزا باذنجان

يخدم 2

مكونات:

- 1 باذنجان كبير (459 جم)

- نصف كوب (138 جم) معجون بيتزا

- 2 فص ثوم مهروس (6 جم)

- نصف كوب (90 جم) جبن موزاريلا مبشور

- 6 حبات بندورة كرزية (48 جم)

- صغيرتان من الفليفلة الحلوة الصفراء مقطّعتان شرائح (65 جم)

الاتجاهات :

(a) قطّع الباذنجان إلى شرائح طولية ، بسمك 1.5 سم تقريبًا.

(b) افركي بعض الملح على جانبي الشرائح واتركيه على ورق ماص لمدة 10 إلى 15 دقيقة على الأقل. القيام بذلك يسمح للماء بالتسرب من الخلايا الداخلية ، مما يجعل الباذنجان طريًا عند طهيه. جفف بالماء.

(c) يرش بملح البحر والفلفل.

(d) توضع في سلة المقلاة الهوائية وتُطهى على حرارة 180 درجة مئوية لمدة 5 دقائق.

(e) في هذه الأثناء ، اخلطي معجون البيتزا والثوم المفروم.

(f) وزعي مزيج البيتزا على وجه كل شريحة باذنجان.

(g) رشي جبنة الموزاريلا والطماطم الكرزية والفلفل الرومي.

(h) يتبل بملح البحر والفلفل المكسر.

(i) يُطهى على حرارة 180 درجة مئوية لمدة 6 دقائق أو حتى يصبح لونه بنياً ذهبياً.

10.أفو كادو على قرنبيط هاش براونز

يخدم 2

مكونات:

- 350 جرام أرز قرنبيط مجمد مذاب
- 1 بيضة كبيرة (51 جم) مخفوقة
- نصف كوب (60 جم) جبن موزاريلا مبشور
- 1 حبة أفوكادو كبيرة ناضجة (216 جم)
- نصف ملعقة صغيرة (1.3 جم) مسحوق ثوم

الاتجاهات :

a) قم بتبطين سلة المقلاة الهوائية بورق الخبز.

b) قم بعصر الرطوبة الزائدة من القرنبيط.

c) جففيها قبل وضعها في وعاء كبير.

d) يضاف البيض والموزاريلا ويتبل ويقلب جيدا.

e) يقسم المزيج إلى 4 ويوضع ملعقة على ورق الخبز.

f) يُطهى على حرارة 200 درجة مئوية لمدة 5 دقائق.

g) المزيج برفق واتركه يطهى لمدة 4 دقائق أخرى.

h) في هذه الأثناء ، ضعي الأفوكادو ومسحوق الثوم في وعاء وتبليهما.

i) تخلط جيدا حتى تصبح لطيفة ودسمة.

j) للتقديم ، وزعيه على توست القرنبيط وقدميه على الفور.

11. بروكلي مهروس هاش براونز

يخدم 2

مكونات:

- 350 جرام أرز بروكلي

- نصف كوب (60 جرام) جبن شيدر مبشور

- 1 بيضة كبيرة (51 جرام)

- ملعقتان كبيرتان (16 جم) من دقيق اللوز

الاتجاهات :

a) خذ 350 جم من أرز البروكلي المجمد ، وقم بإذابه ، ثم اعصر منه أكبر قدر ممكن من السوائل. جفف بالتربيت بورق ماص.

b) في وعاء ، اخلطي أرز البروكلي ، نصف كوب (60 جم) جبن شيدر مبشور ، بيضة كبيرة (51 جم) ، و 2 ملاعق كبيرة (16 جم) من وجبة اللوز. موسم.

c) قم بتبطين سلة المقلاة الهوائية بورق الخبز. ضع 6 جولات متساوية في سلة المقلاة الهوائية واضغط برفق للتسمين. يُطهى على حرارة 200 درجة مئوية لمدة 5 دقائق. اقلبه واطهيه لمدة 4 دقائق أخرى. يكرر.

12. كيشي خضروات الربيع

يخدم 1

مكونات:

- 1 بيضة كبيرة (51 جرام)
- 3 ملاعق كبيرة (60 جم) كريمة
- 1 ملعقة كبيرة مكعبات (7 جم) فلفل حلو
- 1 ملعقة كبيرة مكعبات (8 جم) كراث
- 1 ملعقة كبيرة (14 جرام) ذرة
- 1 ملعقة كبيرة جبن شيدر مبشور (20 جرام)

الاتجاهات :

(a)   اخفقي البيض والقشدة معًا.

(b)   يُدهن طبق كيش صغير من السيراميك بسمك 12 سم بقليل من الدهن.

(c)   وزعي الخضار المقطعة على قاعدتها.

(d)   يُسكب فوق مزيج البيض ويُتبل جيداً ويُرش بالجبن المبشور.

e) يُطهى على حرارة 160 درجة مئوية لمدة 10 دقائق.

13. كيشي الجبن

الكمية تكفي 8

مكونات:

قشرة:

- $1\frac{1}{4}$ كوب طحين لوز مقشر
- 1 بيضة كبيرة مخفوقة
- $1\frac{1}{4}$ كوب جبن بارميزان مبشور
- ملعقة صغيرة ملح بحري ناعم

حشوة:

- 4 أونصات (113 جم) من الجبن الكريمي
- 1 كوب جبن سويسري مبشور
- ربع كوب كراث مفروم
- 4 بيضات كبيرة مخفوقة
- نصف كوب مرق دجاج
- نصف ملعقة صغيرة فلفل حريف
- ملعقة صغيرة ملح بحري ناعم
- 1 ملعقة كبيرة زبدة غير مملحة ذائبة
- بصل أخضر مقطع للتزيين
- رذاذ الطبخ

الاتجاهات :

a) رشي صينية الخبز برذاذ الطبخ.

b) يُمزج الدقيق والبيض وجبن البارميزان والملح في وعاء كبير. يقلب المزيج حتى يتشكل عجين حريري وثابت.

c) رتبي العجينة بين ورقتين من ورق الزبدة ، ثم افردي العجينة على شكل دائرة سميكة.

d) اصنع القشرة: انقل العجينة إلى المقلاة المعدة واضغط على القاع.

e) حرك صينية الخبز إلى وضع الرف 1 ، وحدد الخبز الحراري ، واضبط درجة الحرارة على 325 درجة فهرنهايت (163 درجة مئوية) ، واضبط الوقت على 12 دقيقة.

f) عند اكتمال الطهي ، يجب أن تتحول حواف القشرة إلى اللون البني الفاتح.

g) في هذه الأثناء ، تُمزج مكونات الحشوة ما عدا البصل الأخضر في وعاء كبير.

h) تُسكب الحشوة فوق القشرة المطبوخة وتُغطى حواف القشرة بورق الألمنيوم.

i) حرك صينية الخبز إلى وضع الرف 1 ، وحدد الخبز الحراري ، واضبط الوقت على 15 دقيقة.

j) عند اكتمال الطهي ، خففي الحرارة إلى 300 درجة فهرنهايت (150 درجة مئوية) واضبطي الوقت على 30 دقيقة.

k) عند اكتمال الطهي ، يجب إدخال عود أسنان في المنتصف نظيفًا.

l) نخرجه من الفرن ونتركه يبرد لمدة 10 دقائق قبل التقديم.

14.هاش البطاطا الحلوة

الكمية تكفي 2

مكونات

- 450 جرام بطاطا حلوة
- 1/2 بصلة بيضاء مقطعة مكعبات
- 3 ملاعق كبيرة زيت زيتون
- 1 ملعقة صغيرة بابريكا مدخنة
- 1/4 ملعقة صغيرة كمون
- 1/3 ملعقة صغيرة من الكركم المطحون
- 1/4 ملعقة صغيرة ملح ثوم
- 1 كوب جواكامولي

الاتجاهات

(a) سخن الوحدة عن طريق تحديد وضع AIR FRY لمدة 3 دقائق عند 325 درجة فهرنهايت.

(b) حدد START / PAUSE لبدء عملية التسخين المسبق.

(c) بمجرد الانتهاء من التسخين المسبق ، اضغط على START / PAUSE.

(d) قشري البطاطس وقطعيها إلى مكعبات.

(e) الآن ، انقلي البطاطس إلى وعاء وأضيفي الزيت والبصل الأبيض والكمون والفلفل الحلو والكركم وملح الثوم.

(f) ضعي هذا الخليط في سلة مقلاة الهواء.

(g) اضبطه على وضع AIR FRY لمدة 10 دقائق عند 390 درجة فهرنهايت.

(h) ثم أخرج السلة ورجها جيدًا.

i) ثم اضبط الوقت مرة أخرى على 15 دقيقة عند 390 درجة فهرنهايت.

15. فريتاتا على الطراز اليوناني

الكمية تكفي 2

مكونات:

* 4 بيضات مخفوقة قليلاً
* 2 ملاعق كبيرة كريمة ثقيلة
* 2 كوب سبانخ مفروم
* 1 كوب فطر مقطع
* 3 أوقية. جبنة فيتا مفتتة
* حفنة من البقدونس الطازج المفروم
* ملح وفلفل أسود

الاتجاهات :

(a) رش سلة المقلاة الهوائية برذاذ الطهي. في وعاء ، اخفقي البيض حتى يتجانس.

(b) يُضاف السبانخ ، والفطر ، والفيتا ، والبقدونس ، والملح ، والفلفل.

(c) تصب في السلة وتطهى لمدة 6 دقائق عند 350 درجة فهرنهايت ، وتقدم على الفور مع لمسة من نكهة الطماطم المنعشة.

16. شیدر هاش براونز

يخدم 4

مكونات:

- 4 حبات بطاطس روسيت ، مقشرة ومبشورة
- 1 بصلة بنية مفرومة
- 3 فصوص ثوم مفرومة
- ربع كوب جبن شيدر مبشور
- 1 بيضة مخفوقة قليلاً
- ملح وفلفل أسود
- 3 ملاعق كبيرة أعواد زعتر ناعماً
- رذاذ الطبخ

الاتجاهات :

(a) في وعاء ، اخلطي البطاطس ، البصل ، الثوم ، الجبن ، البيض ، الملح ، الفلفل الأسود ، والزعتر. رش القلاية برذاذ الطبخ.

(b) اضغطي على خليط الهاش البني في السلة واطهيه لمدة 9 دقائق عند 400 درجة فهرنهايت ، ورجيه مرة واحدة في منتصف عملية الطهي.

(c) عندما تصبح جاهزًا ، تأكد من أن لون الهاش براون ذهبي ومقرمش.

17. كعكات الكرز واللوز

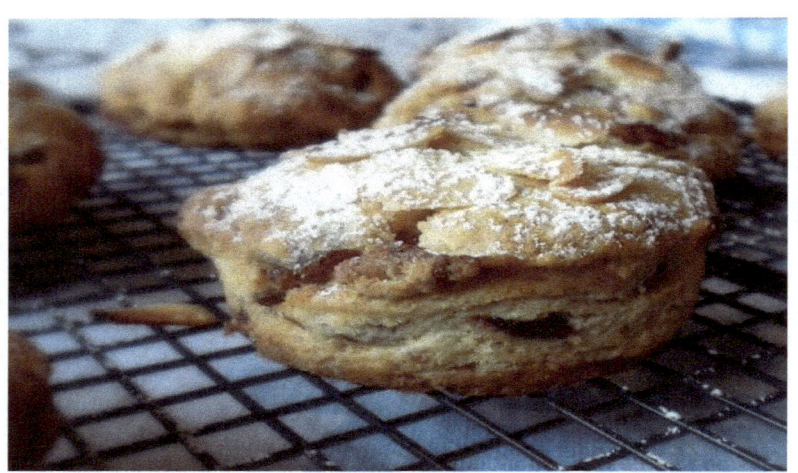

يخدم 4

مكونات:

- 2 كوب دقيق
- نصف كوب سكر
- 2 ملعقة شاي مسحوق الخبز
- نصف كوب لوز مقطع
- كوب كرز مفروم مجفف
- كوب زبدة باردة مقطعة إلى مكعبات
- نصف كوب حليب
- 1 بيضة
- 1 ملعقة صغيرة فانيليا

الاتجاهات :

a) قم بتبطين سلة المقلاة الهوائية بورق الخبز. اخلطي الدقيق والسكر والبيكنج بودر واللوز والكرز المجفف.

b) افركي الزبدة في المكونات الجافة بيديك لتشكيل ملمس رملي متفتت. اخفقي البيض والحليب وخلاصة الفانيليا معًا.

c) تصب في المكونات الجافة وتقلب حتى تمتزج.

d) نرش الدقيق على لوح العمل ، ونضع العجينة على اللوح ، ونعجنها عدة مرات. شكل على شكل مستطيل ومقطع إلى 9 مربعات.

e) رتب المربعات في سلة المقلاة الهوائية واطهيها لمدة 14 دقيقة عند 390 درجة فهرنهايت.

f) قدميها على الفور.

18. توست فرنسي بحشوة الفانيليا

الكمية تكفي 3

مكونات:

- 6 شرائح خبز أبيض
- 2 بيض
- نصف كوب كريمة ثقيلة
- نصف كوب سكر ممزوج بملعقة صغيرة قرفة مطحونة
- 6 ملاعق كبيرة كراميل
- 1 ملعقة صغيرة فانيليا بخاخ طبخ

الاتجاهات :

(a) في وعاء ، اخفقي البيض والقشدة. اغمس كل قطعة من الخبز في البيض والقشدة. اغمس الخبز في خليط السكر والقرفة حتى يغطى جيدًا.

(b) على لوح نظيف ، ضعي الشرائح المطلية ووزعي ثلاث شرائح بحوالي ملعقتين كبيرتين من الكراميل حول المركز.

(c) ضع الشرائح الثلاث المتبقية في الأعلى لتشكيل ثلاث شطائر.

(d) رش سلة المقلاة الهوائية بالزيت.

(e) رتبي السندوتشات في المقلاة واطهيها لمدة 10 دقائق عند درجة حرارة 340 فهرنهايت ، مع التقليب مرة واحدة في منتصف فترة الطهي.

Chorizo Spanish Frittata .19

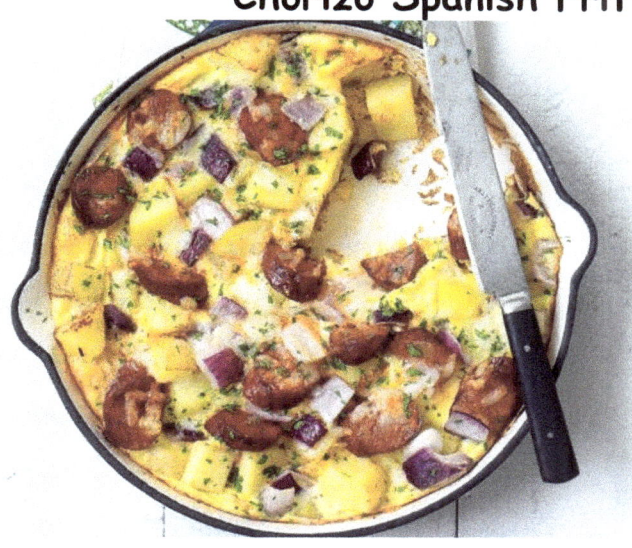

الكمية تكفي 3

مكونات:

- 3 بيضات
- 1 حبة بطاطس كبيرة مسلوقة ومقطعة مكعبات
- نصف كوب ذرة مجمدة
- نصف كوب جبنة فيتا مفتتة
- 1 ملعقة كبيرة بقدونس مفروم
- $\frac{1}{2}$ كوريزو شـرائح
- 3 ملاعق كبيرة زيت زيتون
- الملح والفلفل حسب الذوق

الاتجاهات :

(a) يُسكب زيت الزيتون في المقلاة الهوائية ويُسخن على درجة حرارة 330 درجة فهرنهايت. اطبخ الكوريزو حتى يتحول لونه إلى البني قليلاً. يخفق البيض مع القليل من الملح والفلفل في وعاء.

(b) قلّب جميع المكونات المتبقية. يُسكب المزيج في المقلاة الهوائية ويُحرّك المزيج ويُطهى لمدة 6 دقائق.

20. فطائر الكوسة

يخدم 4

مكونات:

- 1 كوب دقيق
- 1 ملعقة صغيرة قرفة
- 3 بيضات
- 2 ملعقة شاي مسحوق الخبز
- 2 ملاعق كبيرة سكر
- 1 كوب حليب
- 2 ملاعق كبيرة زبدة ذائبة
- 1 ملعقة كبيرة زبادي
- كوب كوسة مبشورة
- قليل من الملح
- 2 ملاعق كبيرة جبنة كريمية

الاتجاهات :

(a) سخني المقلاة الهوائية على 350 درجة فهرنهايت ، في وعاء ، اخفقي البيض مع السكر والملح والقرفة والجبن والدقيق ومسحوق الخبز.

(b) في وعاء آخر ، اخلطي كل المكونات السائلة. امزج الخليط الجاف والسائل برفق. يقلب في الكوسة.

(c) تُبطن قوالب المافن بورق الخبز ، ويُسكب الخليط بداخلها. رتب في المقلاة الهوائية واطهيها لمدة 15 دقيقة.

d) تحقق مع المسواك.

المقبلات والوجبات الخفيفة

21. مقلاة اير فرايز كوسة

مكونات:

- 2 حبة متوسطة الحجم كوسة
- 1 بيضة كبيرة مخفوقة
- كوب دقيق لوز
- ربع كوب جبن بارميزان مبشور
- 1 ملعقة صغيرة بهارات إيطالية
- نصف ملعقة صغيرة من مسحوق الثوم
- نصف ملعقة صغيرة ملح البحر
- نصف ملعقة صغيرة فلفل أسود
- رذاذ زيت الزيتون

الاتجاهات :

(a) نقطع الكوسة إلى نصفين ثم إلى أعواد يبلغ سمكها حوالي نصف بوصة وطولها 34 بوصة.

(b) في وعاء ، يُمزج دقيق اللوز مع جبن البارميزان المبشور والتوابل الإيطالية ومسحوق الثوم وملح البحر والفلفل الأسود. امزج حتى تتجانس. اجلس جانبا.

c) في وعاء منفصل ، اخفقي البيض حتى يخفق.

d) تُغمر أصابع الكوسا في خليط البيض ثم تُلف وتُغطّى بخليط خبز دقيق اللوز. ضعها على طبق (للمقلاة الهوائية) أو صفيحة خبز مبطنة (للفرن).

e) قم برش أعواد الكوسة بسخاء برذاذ زيت الزيتون.

f) إرشادات المقلاة الهوائية: تعمل على دفعات صغيرة ، توضع بطاطس الكوسا في طبقة واحدة في المقلاة الهوائية وتقلى بالهواء على حرارة 400 درجة مئوية (200 درجة مئوية) لمدة 10 دقائق أو حتى تصبح مقرمشة وذهبية.

22.كرات الباذنجان المحشي بالريكوتا

الإنتاجية: 12

مكونات:

- 1 باذنجان وسط
- ملح البحر

حشوة

a) 6 أوقية. جبنة ريكوتا

b) 1/4 كوب جبن بارميزان

c) 3 ملاعق كبيرة بقدونس طازج

d) 1 ملعقة صغيرة مسحوق ثوم

e) 1 بيضة

الخبز

a) 2 بيض

b) 1.5 كوب فتات لحم الخنزير

c) 2 ملاعق صغيرة من التوابل الإيطالية

d) 1/4 كوب جبن بارميزان (للبقسماط)

الاتجاهات :

a) قطع الباذنجان إلى شرائح 1/2 بوصة. ضعيها على ورقة خبز مبطنة بمنشفة ورقية ورشي ملح البحر فوقها. ضع مناشف ورقية فوق ذلك وعلى ورقة خبز أخرى. أضف الأوعية أو الأطباق لوزن المقلاة لاستخراج الماء الزائد لمدة 30 دقيقة.

b) بينما تتعرق شرائح الباذنجان ، يُمزج الريكوتا والبارميزان والبقدونس وبيضة واحدة في وعاء ويوضع جانبًا.

c) أزل المناشف الورقية عن الباذنجان وامسح الملح الزائد. وزعي ملعقة كبيرة ممتلئة من خليط الريكوتا فوق كل جولة ووزعيها بالتساوي على الباذنجان بسكين الزبدة. كرر مع كل شرائح الباذنجان.

d) ضعي شرائح الباذنجان ذات طبقات الريكوتا على صينية الخبز وضعيها في الفريزر لضبطها.

e) بمجرد ضبط البيض ، أضيفي البيض إلى طبق ثم اخلطي قشر لحم الخنزير وربع كوب من جبن البارميزان والتوابل الإيطالية في طبق منفصل. غلف كل قطعة من الباذنجان في مغسول البيض ثم في خليط قشر لحم الخنزير. اضغط لأسفل حسب الحاجة للتغطية بالتساوي.

f) ضع كل جولة مرة أخرى على صينية الخبز ثم ضعها في الفريزر مرة أخرى لتضبط ، حوالي 30-45 دقيقة .

g) 8 دقائق فقط عند 375 درجة فهرنهايت في المقلاة الهوائية هي المدة المثالية للحصول على طلاء بني ذهبي مقرمش وباذنجان مطبوخ بشكل مثالي.

23. مقلاة الهواء تشورو العصي

الحصص: 5

مكونات:

- 1 C. جبن موزاريلا
- 2 أوقية. جبنة الكريمة
- 1 ج.دقيق اللوز
- 2 ملاعق كبيرة بديل السكر الحلويات
- نصف ملعقة صغيرة قرفة
- 1 1/2 ملعقة صغيرة بيكنج بودر
- 1 بيضة
- 2 ملاعق كبيرة كريمة خفق ثقيلة

لتحتل المرتبة الأولى :

- 1 ملعقة كبيرة زبدة مذابة
- 2 ملاعق كبيرة سويرف محلي حبيبات
- 1 ملعقة صغيرة قرفة

الاتجاهات :

69

(a) سخن المقلاة الهوائية على 350 درجة.

(b) في وعاء آمن للاستخدام في الميكروويف ، اخلطي جبنة الموتزاريلا والجبن الكريمي. سخني لمدة 30 ثانية في كل مرة حتى تذوب الجبن تمامًا وخلط جيدًا في عجينة.

(c) اعجن دقيق اللوز ، والبيكنج بودر ، وبديل السكر الحلواني ، ونصف ملعقة صغيرة من القرفة في خليط الجبن المذاب. من الأفضل استخدام يديك والتحلي بالصبر ، فقد يستغرق ذلك بضع دقائق.

(d) تُمزج البيضة مع كريمة الخفق الثقيلة في مزيج العجين حتى تصبح ناعمة.

(e) تُسكب العجينة في كيس مواسير أو أي أداة أخرى مع طرف تزيين كبير على شكل نجمة في النهاية.

(f) ضعي شرائح من العجين بطول 34 بوصة في صينية مبطنة بورق البرشمان.

(g) قم بطهي أصابع التشورو في المقلاة الهوائية لمدة 45 دقيقة لكل جانب أو حتى يتحول لون كل جانب إلى اللون البني وتنضج أعواد الكورو.

(h) ادهن أصابع الكورو المقلية بالهواء بالزبدة المذابة.

i)   اخلطي المحلى الحبيبي مع ملعقة صغيرة من القرفة في وعاء صغير.

j)   نرش القرفة فوق أعواد الكورو المدهونة بالزبدة وتقدم.

24. رانش هالبينو بوبرز

الحصص: 4

مكونات:

- 6 فلفل هالابينو ، مقطعة إلى أنصاف ومصنفة

- 1 ملعقة كبيرة مسحوق تتبيلة الرانش

- 4 أونصات جبن كريمي طري

- 1/4 كوب جبن شيدر مبشور

- 1/4 كوب بصل أخضر مقطع ناعم

- 1 رطل من لحم الخنزير المقدد

الاتجاهات :

- 1. اغسل الهالبينو وقطعها بالطول وإزالة البذور والغشاء. ارتدِ القفازات إذا كانت لديك

- 2. يُمزج الجبن الطري والجبن الشيدر ومسحوق الرانش والبصل الأخضر في وعاء حتى تمتزج جيدًا.

- 3. ضعي 12 ملاعق كبيرة من الحشوة في كل نصف هلابينو ، ثم غلفيها في شريحة من لحم الخنزير المقدد.

- 4. قم بطهيها في مقلاة هوائية على درجة حرارة 400 فهرنهايت لمدة 10 دقائق أو حتى ينضج لحم الخنزير المقدد ويبدأ في الهشاشة.

25. رقائق البطاطا الحلوة المقلاة الهوائية

الحصص : 4 حصص

مكونات:

- 1 1/2 كوب بطاطا حلوة

- 2 بطاطا متوسطة الحجم

- 1 ملعقة كبيرة زيت زيتون بكر ممتاز

- يمكن استخدام ملعقتين كبيرتين من السكر البني العضوي الفاتح أو الداكن

- 2 ملاعق صغيرة من مسحوق الفلفل الحار

- 1 ملعقة صغيرة كمون مطحون

- نصف ملعقة صغيرة ملح

الاتجاهات :

a) قطعي البطاطا الحلوة إلى شرائح رفيعة.

b) ضعي الزيت في وعاء حتى تكون كل شريحة بطاطا حلوة مغطاة قليلاً. يمكنك استخدام يديك إذا أردت.

c) اخلطي السكر البني ومسحوق الفلفل الحار والكمون والملح في وعاء صغير.

76

d) إذا خرج أي ماء من البطاطا أثناء جلوسها ، فيمكنك تصريفها.

e) رشي مزيج التوابل على البطاطا الحلوة وقلبي حتى تحتوي كل شريحة على توابل. إنها مطلية بشكل خفيف كما في الصورة أعلاه.

f) ضع البطاطا الحلوة في طبقة واحدة في المقلاة الهوائية تلامس أو تتداخل قليلاً. إذا كان لديك ذراع تحريك في المقلاة الهوائية ، فيجب إزالته.

g) القلي بالهواء عند 180 درجة مئوية (356 درجة فهرنهايت) لمدة 6 إلى 9 دقائق اعتمادًا على مدى رقة شرائحك.

h) هز السلة في منتصف الطريق أو قلبها برفق لإخراجها من أسفل قاع المقلاة الهوائية.

i) عند الانتهاء ، قم بإزالة الرقائق إلى رف التبريد واتركها تبرد. سوف تصبح أكثر هشاشة عندما تبرد.

j) يتم تناوله وتناوله أو تخزينه في حاوية محكمة الإغلاق.

26. حلقات البصل

الحصص: 6

مكونات:

- 1 بصلة كبيرة مقطّعة حلقات
- 1 كوب دقيق لوز
- 1 كوب جبن بارميزان مبشور
- 1 ملعقة كبيرة بيكنج بودر
- 1 ملعقة صغيرة بابريكا مدخنة
- ملح وفلفل
- 2 بيضة مخفوقة
- 1 ملعقة كبيرة كريمة ثقيلة
- رذاذ الطبخ

الاتجاهات :

a) في وعاء متوسط ، يُمزج دقيق اللوز وجبن البارميزان والبيكنج باودر والبابريكا المدخنة والملح والفلفل.

b) يخفق البيض مع الكريمة الثقيلة في وعاء آخر.

79

c)   صورة علوية لوعاء أبيض به بيضة وشريحة بصل مغطاة.

d)   اغمس حلقات البصل في البيض ثم في خليط دقيق اللوز.
ضعي مزيج دقيق اللوز على البصل. انقله إلى صينية خبز
مبطنة بورق وكرر الأمر مع البصل المتبقي.

e)   طبق فطيرة بيضاء مع طحين اللوز وخلطة البارميزان مع
البصل المغطى.

f)   سخن المقلاة الهوائية على 350 درجة. رتبي البصل في
طبقة واحدة واطهيه على دفعات حسب الحاجة. (إذا
رغبت في ذلك ، يمكنك تغليف القلاية الهوائية ببطانات
المقلاة الهوائية.)

g)   يُرش البصل برذاذ الطبخ ويُطهى لمدة 5 دقائق. استخدم
ملعقة للوصول بعناية إلى ما تحت البصل واقلبها. قم
بإعادة الرذاذ وطهي الطعام لمدة 5 دقائق أطول.

27. روبيان جوز الهند مقلاة الهواء

خدمة 4 حصص

مكونات:

- روبيان روبيان نيئ وكبير ومقشر ومزخرف بالذيول
- كوب دقيق لجميع الأغراض
- نصف ملعقة صغيرة ملح
- نصف ملعقة صغيرة فلفل أسود
- 2 بيض كبير
- كوب جوز هند مبشور غير محلى
- نصف كوب بقسماط
- رذاذ الطبخ
- صلصة الفلفل الحار الحلو للتقديم

الاتجاهات :

a) سخن المقلاة الهوائية إلى 360 درجة فهرنهايت. عند تسخينها ، رشّي السلة برذاذ الطهي.

b)	يُمزج الدقيق والملح والفلفل في وعاء واحد ضحل. اخفقي البيض في وعاء ضحل آخر. ثم امزج جوز الهند المبشور وفتات الخبز البانكو في وعاء ضحل ثالث.

c)	اغمس الجمبري في خليط الدقيق مع التخلص من أي فائض. ثم يُغمس الجمبري في البيض ، وأخيراً في مزيج جوز الهند والبانكو ، ويضغط برفق حتى يلتصق.

d)	ضعي جمبري جوز الهند في المقلاة الهوائية حتى لا يتلامسوا ، ورشي فوق الجمبري. اطبخي لمدة 1012 دقيقة ، مع التقليب في منتصف الطريق.

e)	يُزين بالبقدونس المفروم ، ويُقدم مباشرة مع صلصة الفلفل الحار إذا رغبت في ذلك.

28.رقائق كالي المقلاة الهوائية

يخدم 2

مكونات:

- 1 دفعة كرنب مجعد ، مغسول ومربى جاف

- 2 ملاعق صغيرة زيت زيتون

- 1 ملعقة كبيرة خميرة غذائية

- نصف ملعقة صغيرة ملح البحر

- 1/8 ملعقة صغيرة فلفل أسود مطحون

الاتجاهات :

a) انزع الأوراق من سيقان اللفت وضعها في وعاء متوسط الحجم.

b) يضاف زيت الزيتون والخميرة الغذائية والملح والفلفل. استخدم يديك لتدليك الطبقة العلوية في أوراق اللفت.

c) صب اللفت في سلة المقلاة الهوائية واطهيه على درجة حرارة 390 فهرنهايت لمدة 67 دقيقة ، أو حتى يصبح مقرمشًا.

d) خدمة الحارة أو في درجة حرارة الغرفة.

29. بطاطس الفاصوليا الخضراء

العائد: 6

مكونات:

- 1 رطل من الفاصوليا الخضراء ، نهايات مشذبة
- 1 بيضة
- 1 ملعقة كبيرة من صلصة الرانش
- 1 كوب دقيق لوز
- 1/2 ملعقة صغيرة ملح ثوم
- 1/2 ملعقة صغيرة فلفل
- 1/2 ملعقة صغيرة مسحوق ثوم
- 1/2 كوب جبن بارميزان

الاتجاهات :

a) سخن جهازك وفقًا للإرشادات عند 390 درجة فهرنهايت.

b) عندما تكون ساخنة ، أضف أكبر عدد ممكن من الفاصوليا الخضراء بشكل مريح دون اكتظاظ.

c) رش مع رذاذ الطبخ للمساعدة على هش.

d) طهي لمدة 5 دقائق ، رج السلة في منتصف عملية الطهي لتحريكها.

30. عصي السمك المقلاة الهوائية

الحصص: 4 حصص

مكونات:

- 1 رطل. الأسماك البيضاء مثل سمك القد

- نصف كوب مايونيز

- 2 ملاعق كبيرة خردل ديجون

- 2 ملاعق كبيرة ماء

- 1 أكواب من قشر البانكو مثل Pork King Good

- ملعقة صغيرة بهار كاجون

- الملح والفلفل حسب الذوق

الاتجاهات :

(a)   رش رف المقلاة الهوائية برذاذ طهي غير لاصق.

(b)   جفف السمك بالتربيت عليه وقطعه إلى أعواد بعرض 1 بوصة × 2 بوصة.

c) في وعاء صغير ضحل ، اخفقي المايونيز والخردل والماء معًا. في وعاء ضحل آخر ، اخفقي قشر لحم الخنزير وتوابل الكاجون معًا.

d) إضافة الملح والفلفل حسب الذوق.

e) اعمل مع قطعة سمكة واحدة في كل مرة ، واغمس في خليط المايونيز لتغطيتها ثم تخلص من الفائض.

f) تغمس في خليط قشر لحم الخنزير ويقلب حتى يتغطى. ضعها على رف المقلاة الهوائية.

g) اضبطيه على Air Fry على درجة 400 فهرنهايت واخبزيه لمدة 5 دقائق ، واقلبي السمك بملقط واخبزيه لمدة 5 دقائق أخرى. قدميها على الفور.

31. كرات جبن الماعز بالكراميل بالهواء

مكونات:

- 8 أوقية. جبن ماعز طري
- 3 ملاعق كبيرة طحين لوز
- 1 بيضة مخفوقة
- 3/4 كوب قشر لحم خنزير مطحون
- 1/4 كوب شراب كراميل خالي من السكر

الاتجاهات :

a) قم بقطع قطعة صغيرة من جبن الماعز ولفها إلى كرات بحجم 1/2 بوصة. توضع على صينية خبز مبطنة بورق البرشمان وتجمد لمدة 30 دقيقة.

b) أخرجه من الفريزر. يُضاف دقيق اللوز إلى وعاء صغير غير عميق ، ويضاف البيض المخفوق إلى وعاء آخر. ويقشر لحم الخنزير المطحون إلى وعاء ثالث.

c) دحرج كرة جبن الماعز في دقيق اللوز.

d) ثم تغمس في بياض البيض لتغلف.

e) ثم نعرس في قشور لحم الخنزير المطحون. كرري العملية مع باقي كرات جبن الماعز.

f) ضع الكرات في طبقة واحدة على صينية أو سلة للقلاية الهوائية مع ترك مساحة للهواء لتدوير الكرات. رش مع رذاذ الطبخ. تقلى في الهواء على 400 درجة لمدة 6 إلى 8 دقائق.

g) رشي عليها شراب الكراميل الخالي من السكر.

32. فطر محشي سلطعون

المحصول: يخدم 3

مكونات:

- 8 أونصات فطر

حشوة:

- 8 أونصات من لحم السلطعون المفروم
- 2 بصل أخضر مفروم ناعماً
- 1/4 كوب مايونيز
- 1/3 كوب جبن بارميزان
- 1 ملعقة صغيرة بقدونس
- 1/4 ملعقة صغيرة بابريكا
- رشة ملح وفلفل

الاتجاهات :

a) سخن المقلاة الهوائية على 380 درجة.

b) نظف الفطر بمسحه بمنشفة ورقية مبللة. اقطعي سيقان الفطر واستخدمي ملعقة لإزالة بعض الخياشيم الداخلية.

c) رش المقلاة الهوائية برفق برذاذ الطهي أو رشيها بورق القصدير.

d) في وعاء متوسط الحجم ، اخلطي مكونات الحشوة.

e) نحشى كل فطر بالتساوي بحشوة السلطعون.

f) أضف الفطر في طبقة واحدة إلى المقلاة الهوائية لا تتداخل. قد تضطر إلى القيام بذلك على دفعات اعتمادًا على حجم الفطر الذي تستخدمه.

g) يُطهى لمدة 9 دقائق أو حتى يبدأ الحشو في التحمير ويصبح عيش الغراب طريًا.

33. كعك السلطعون

الحصص: 10

مكونات:

- 1 رطل. لحم سلطعون مقطوع طازج
- 1/2 كوب من الكراث ، مكعبات
- 1/2 كوب فلفل أحمر مقطع مكعبات
- 3 فصوص ثوم مفروم
- 1/4 كوب مايونيز
- 1 بيضة كبيرة
- 1/2 ملعقة صغيرة فلفل أبيض
- 2 ملاعق كبيرة بقدونس ، طازج ، يقطع أو يمزق باليد
- 2 ملاعق صغيرة أولد باي
- 1 ملعقة كبيرة عصير ليمون
- 1 ملعقة صغيرة خردل جاف مطحون
- 2 ملاعق كبيرة دقيق اللوز

الاتجاهات :

(a) أضف لحم السلطعون إلى وعاء كبير. استخدم يدك لتحسس الأصداف وإزالتها إذا لزم الأمر.

(b) اخفقي البيض والمايونيز في وعاء صغير

(c) أضيفي باقي المكونات ومزيج البيض / المايونيز إلى لحم السلطعون. امزج بلطف لدمجها بالكامل.

(d) دع الخليط يبرد لمدة 20-30 دقيقة

(e) شكل 8 - 10 كعكات سرطان البحر

(f) أضف 4 كعكات سرطان البحر إلى سلة المقلاة الهوائية في وقت واحد. أنا صف دقيقة مع 9in ورقة شهادة جامعية كعكة مستديرة.

(g) استخدم وظيفة "الهواء المقرمش" لطهي كعك السلطعون على 375 درجة لمدة 12 - 14 دقيقة

(h) دع كعك السلطعون يبرد. تقدم مع عصير الليمون والبقدونس الطازج أو الشبت وصلصة التارتار.

34. رقائق التفاح

الإنتاجية: 2 حصص

مكونات:

- 2 تفاحة مقطعة شرائح رقيقة

- 2 ملاعق صغيرة من السكر الحبيبي

- 1/2 ملعقة صغيرة قرفة

الاتجاهات :

a) في وعاء كبير نضع التفاح مع القرفة والسكر. العمل على دفعات ، ضع التفاح في طبقة واحدة في سلة المقلاة الهوائية (بعض التداخل على ما يرام).

b) اخبزيها على حرارة 350 درجة لمدة 12 دقيقة ، مع التقليب كل 4 دقائق.

35.كوسة بارميزان مقرمشات

الوجبات: 2

مكونات:

- 1 حبة متوسطة الحجم من الكوسة ، مقطعة إلى شرائح نصف بوصة

- ربع كوب جبن بارميزان طازج مبشور

الاتجاهات :

a) ضع حلقات الكوسة في مقلاة الهواء في طبقة واحدة. (إذا كانت سلة المقلاة الهوائية غير لاصقة ، فلن تحتاج إلى دهن السلة أولاً. إذا لم تكن غير لاصقة ، يجب رش السلة برذاذ زيت الطهي.) أضف طبقة رقيقة من جبن البارميزان على الحلقات ، تغطي سطح كل جولة.

b) اضبط المقلاة الهوائية على 370 درجة فهرنهايت (بدون تسخين مسبق).يُطهى الدائر لمدة 12 دقيقة تقريبًا ، أو حتى يصبح لون الجبن بنيًا ذهبيًا داكنًا.

c) دع الجولات تبرد لبضع دقائق ، مما سيسمح للجبن أن تنضج أكثر.

d) تقدم مع صلصة التغميس المفضلة لديك.

36. مقلاة هوائية محمصة ادامامي

العائد: 2 كوب

مكونات:

- 2 كوب ادامامي او ادامامي مجمد

- بخاخ زيت الزيتون

- ملح الثوم

الاتجاهات :

a) ضع ادامامي في سلة المقلاة الهوائية ، يمكن أن تكون طازجة أو مجمدة.

b) قم بتغطيتها برذاذ زيت الزيتون وقليل من ملح الثوم.

c) تقلى في الهواء عند 390 درجة لمدة 10 دقائق.

d) قلّب في منتصف وقت الطهي إذا كنت تفضل ذلك. لمذاق محمص ومقرمش ، اقليها بالهواء لمدة 5 دقائق إضافية.

e) يخدم.

37. مقلاة هوائية لقيمات تشيز كيك

يجعل 12

مكونات:

- 200 جرام جبنة كريمية

- نصف كوب (75 جم) ناتفيا

- 1 ملعقة صغيرة (5 جم) خلاصة فانيليا

- نصف كوب (50 جم) وجبة لوز

الاتجاهات :

a) سخن المقلاة الهوائية على درجة حرارة 180 درجة مئوية لمدة 3 دقائق.

b) نقطع الجبن الكريمي إلى مكعبات ونضعها في وعاء.

c) نضيف ناتفيا (يحتفظ بملعقتين كبيرتين في وقت لاحق) والفانيليا وتخلط حتى تصبح ناعمة وسلسة. برد لمدة 15 دقيقة.

d) قم بلفها إلى 16 كرة متساوية الحجم.

e) في وعاء صغير ، اخلطي وجبة اللوز مع ملعقتين كبيرتين من ناتفيا.

38. رقائق الأفوكادو

يجعل 10

مكونات:

- 1 حبة أفوكادو كبيرة ناضجة (216 جم)

- نصف كوب (93 جم) جبن بارميزان مبشور

- 1 ملعقة صغيرة (5 مل) عصير ليمون

- نصف ملعقة صغيرة (1.3 جم) مسحوق ثوم

- نصف ملعقة صغيرة (0.7 جم) مسحوق بصل

الاتجاهات :

a) في وعاء ، اهرسي الأفوكادو حتى يصبح قشديًا.

b) تضاف باقي المكونات وتتبل بالفلفل المكسر.

c) قم بتبطين كل صينية بورق الخبز.

d) وزعي الخليط برفق على كل منهما لتشكيل دوائر لطيفة.

e) تخبز في درجة حرارة 180 درجة مئوية لمدة 8 دقائق.

f) تبرد لمدة 1 دقيقة قبل التقليب بلطف ؛ قم بتدوير الصينية العلوية إلى الوضع السفلي (مع ارتفاع الحرارة) واطهيها لمدة 5 دقائق أخرى أو حتى يصبح لونها ذهبياً بالكامل.

39.الهليون ملفوفة Prosciutto

6 خدمات

مكونات:

- 18 هليون طازج
- 6 شرائح بروسيوتو

الاتجاهات :

a) تقليم الهليون ببساطة عن طريق التقطيع. سوف ينكسر الهليون بشكل طبيعي حيث تبدأ النهاية الخشبية.

b) قم بتقطيع كل قطعة من شرائح اللحم إلى شرائح رفيعة وطويلة ، اعتمادًا على العرض ، يمكنك قطع 34 شريطًا من كل شريحة.

c) لف كل شريط حول الرمح. ضعها في سلة المقلاة الهوائية .يُطهى على حرارة 180 درجة مئوية لمدة 7 دقائق.

d) تقدم مع رذاذ خفيف من طلاء بلسمي.

40. باكون وبيض بايتس

يخدم 2

مكونات:

- 3 بيضات كبيرة (51 جرام لكل منهما)

- ملعقتان كبيرتان (40 جم) كريمة

- فلفل أحمر مفروم

- 1 ملعقة كبيرة (11 جم) بصل أحمر مفروم ناعماً

- 1 ملعقة كبيرة (3.6 جم) سبانخ مفرومة ناعماً

- 1 ملعقة كبيرة (20 جم) جبنة شيدر مبشورة

- 2 ملعقة كبيرة (50 جم) من لحم الخنزير المقدد المفتت

الاتجاهات :

(a)   اخفقي البيض والقشدة حتى تصبح خفيفة ورقيقة.

(b)   أضيفي المكونات المتبقية ، وتبليها ، واخفقيها حتى تمتزج.

(c)   تصب في قوالب سيليكون مقاس 4 × 5 سم.

(d)   يُطهى على حرارة 160 درجة مئوية لمدة 7 دقائق.

e)   اختبر مركز واحد باستخدام عود أسنان. عندما يزيل عود الأسنان نظيفًا ، يكون البيض قد تماسك.

116

41. بيض الأفوكادو المشوي

يخدم 2

مكونات:

- 1 أفوكادو (216 جم) ، مقطعة نصفين ، منزوعة الحجر

- 2 بيض كبير (51 جرام لكل منهما)

- 1 ملعقة كبيرة (5 جم) من الثوم المعمر المفروم

الاتجاهات :

a) قم بتبطين سلة المقلاة الهوائية بورق الخبز.

b) ضع أنصاف الأفوكادو في سلة المقلاة الهوائية.

c) اكسر بيضة في كل موسم ورش الثوم المعمر.

d) يُطهى على حرارة 180 درجة مئوية ، و 5 دقائق للحصول على بيضة سائلة طرية ، و 6 إلى 7 دقائق لبيضة أكثر صلابة.

42. رول أب كرسبي سلامي

يجعل 12

مكونات:

- 250 جرام جبنة كريمية

- 2 ملاعق كبيرة (23 جم) من نبات الكبر،

- 1 ملعقة كبيرة (5 جم) ريحان مفروم ناعم

- 12 طلقة من السلامي المجري (276 جم)

الاتجاهات :

a)   في وعاء صغير ، اخلطي الجبن الكريمي مع الكبر والريحان.

b)   يتبل بالفلفل المكسر.

c)   ضعي السلامي على سطح نظيف ووزعي ملعقة كبيرة من الخليط على كل منهما.

d)   قم بلف نفسها ووضع جانب اللحام لأسفل في سلة المقلاة الهوائية.

e)   يُطهى على حرارة 180 درجة مئوية لمدة 7 دقائق.

43. صلصا مغطاة بصلصة الحلوم

يخدم 4

مكونات:

- فلفل رومي متبل محمص ومقطع

- 1 طماطم ناضجة ، مصنرة ومفرومة

- 6 زيتون كالاماتا مقطع (24 جرام)

- 6 أوراق ريحان مفرومة خشنة (5 جم)

- 300 جرام بلوك جبنة حلومي

الاتجاهات :

a) يُمزج الفليفلة الحلوة والطماطم والزيتون والريحان وملعقة صغيرة من الزيت المحفوظ في وعاء صغير. يتبل حسب الذوق ويوضع جانبا.

b) قطعي كتلة الحلومي إلى أرباع ، ثم كل ربع إلى نصفين مكونين 8 أسافين.

c) قم بتنظيف كل منها بالزيت المحفوظ وضعها في المقلاة الهوائية.

d) يُطهى على حرارة 180 درجة مئوية لمدة 5 دقائق. اقلب واطهي لمدة دقيقتين أخريين أو حتى يصبح لونه ذهبياً.

e) قدميها مع الصلصة اللذيذة الصحية للقلب.

44. طماطم خضراء مقلية

يخدم 4

المقادير :
- 2 حبات من الطماطم الخضراء (3 إذا كانت أصغر)
- ملح وفلفل
- 1/2 كوب دقيق لجميع الأغراض
- 2 بيض كبير
- 1/2 كوب لبن
- 1 كوب فتات بانكو
- 1 كوب دقيق الذرة الصفراء

الاتجاهات:

(a) قطع الطماطم إلى شرائح 1/4 بوصة. جففيها بمناشف ورقية وتبليها جيدًا بالملح والفلفل.

(b) ضع الدقيق في طبق ضحل أو طبق فطيرة ، أو استخدم طبقًا ورقيًا لتنظيفه بسهولة.

(c) اخفقي البيض واللبن في طبق أو وعاء ضحل.

(d) اجمع فتات البانكو ودقيق الذرة في طبق ضحل أو طبق فطيرة ، أو استخدم طبقًا ورقيًا للتنظيف السهل.

(e) سخن المقلاة الهوائية على 400 درجة.

(f) غلفي شرائح الطماطم بالدقيق ، واغمسيها في خليط البيض ، ثم اضغطي على كلا الجانبين بخليط فتات البانكو. رش القليل من الملح عليها.

g) رشـي سـلة المقلاة الهوائية بالزيت وضعي 4 شـرائح طماطم في السـلة. رش القمم بالزيت. اقلي الهواء لمدة 5 دقائق.

h) اقلب الطماطم ورشـها بالزيت واقليها في الهواء لمدة 3 دقائق أخرى.

i) تقدم مع صلصة الكومباك إذا رغبت في ذلك.

45. تفاح متبل مقلي

المحصول: 4 حصص

مكونات

4 حبات تفاح صغيرة مقطعة إلى شرائح

2 ملاعق كبيرة سمن أو زيت جوز الهند مذابة

2 ملاعق كبيرة سكر

1 ملعقة صغيرة بهار فطيرة التفاح

الاتجاهات :

( ) ضع التفاح في وعاء. يُرش بالسمن أو زيت جوز الهند ويُرش بالسكر وبهارات فطيرة التفاح. قلبها لتغطي التفاح بالتساوي.

( ) ضعي التفاح في مقلاة صغيرة مخصصة للقلايات الهوائية ثم ضعيها داخل السلة.

( ) اضبط المقلاة الهوائية على 350 درجة لمدة 10 دقائق. اثقبي التفاح بشوكة للتأكد من أنه طري.

( ) إذا لزم الأمر ، ضعها في المقلاة الهوائية لمدة 3-5 دقائق إضافية.

( ) تقدم مع الآيس كريم أو المخفوق.

46. لفائف بيض الأفوكادو

العائد: 4 حصص

مكونات

2 حبة أفوكادو كبيرة

شريحتان من لحم الخنزير المقدد ، مطبوخ ومفروم

1/4 بصلة حمراء مقطعة مكعبات

2 فص ثوم مفروم

- 1 ملعقة كبيرة كزبرة مفرومة

- عصير نصف ليمونة

ملح 1/2 ملعقة صغيرة

1/4 ملعقة صغيرة فلفل أسود (محذوف لـ AIP)

- 4 لفائف جوز الهند

زيت الأفوكادو لتنظيف الأغلفة

الاتجاهات :
- يُهرس الأفوكادو في وعاء متوسط ويُمزج مع لحم الخنزير المقدد والبصل الأحمر والكزبرة والثوم والملح والفلفل وعصير الليمون. اجلس جانبا.

b) أضيفي ربع الحشوة إلى منتصف كل لفافة جوز الهند ،
مع الحرص على عدم الإفراط في الملء. قم بلف الغلاف
عن طريق ثني الحافة السفلية لأعلى بمقدار ثلث
الطريق ، ثم طي الزاويتين ، ولف لفة البيض بإحكام.
أضف القليل من الماء إلى حافة لفافة البيض لإغلاقها.
كرر مع كل من أربع لفائف جوز الهند.

c) سخن المقلاة الهوائية مسبقًا إلى 250 درجة
فهرنهايت ، وقم بإعداد لفات البيض عن طريق دهنها
برفق بزيت الأفوكادو.

d) ضع لفائف البيض في المقلاة الهوائية واتركها لمدة 4-5
دقائق .

e) أخرجه بعناية من المقلاة الهوائية باستخدام ملقط.

f) اتركه ليبرد قليلًا قبل التقديم بمفرده أو مع جانب مثل
صلصة الكريمة الحامضة أو صلصة الكزبرة بالليمون.

131

الطبق الرئيسي

47. مقلاة الهواء القد

يصنع 2 حصص

مكونات:

- 1/4 كوب تتبيلة سلطة إيطالية خالية من الدهون
- 1/2 ملعقة صغيرة سكر
- 1/8 ملعقة صغيرة ملح
- 1/8 ملعقة صغيرة بودرة ثوم
- 1/8 ملعقة صغيرة مسحوق كاري
- 1/8 ملعقة صغيرة بابريكا
- 1/8 ملعقة صغيرة فلفل
- 2 فيليه سمك القد (6 أونصات لكل منهما)
- 2 ملاعق صغيرة زبدة

الاتجاهات :

1) سخن المقلاة الهوائية مسبقًا إلى 370 درجة. في وعاء ضحل ، اخلطي المكونات السبعة الأولى ؛ أضف سمك القد ، وانتقل إلى معطف. اتركه لمدة 10-15 دقيقة.
2) ضع الشرائح في طبقة واحدة على صينية مدهونة في سلة المقلاة الهوائية ؛ تجاهل ماء مالح المتبقية. اطبخي حتى يبدأ السمك في التقشر بسهولة بالشوكة ، لمدة 8-10 دقائق. ضعي الزبدة فوقها.

.48 كرات اللحم المقلاة الهوائية

التحضير: 30 دقيقة. طبخ: 10 دقائق.

يصنع 4 حصص

مكونات:

1/2 كوب جبن بارميزان مبشور

1/2 كوب جبن موزاريلا مبشور

1 بيضة كبيرة مخفوقة قليلاً

2 ملاعق كبيرة كريمة خفق ثقيلة

1 فص ثوم مفروم

1 رطل لحم بقري مفروم قليل الدهن (90٪ خالي من الدهن)

صلصة:

علبة (8 أونصات) صلصة طماطم بالريحان والثوم والأوريغانو

2 ملاعق كبيرة بيستو محضر

1/4 كوب كريمة خفق ثقيلة

الاتجاهات :

(a) سخن المقلاة الهوائية على 350 درجة. في وعاء كبير ، اخلطي المكونات الخمسة الأولى. أضف لحم البقر تخلط برفق ولكن بشكل كامل. شكل في 11 / 2in. كرات. ضع طبقة واحدة على صينية مدهونة في سلة المقلاة الهوائية ؛ يُطهى حتى يصبح لونه بنيًا خفيفًا وينضج تمامًا ، من 8 إلى 10 دقائق.

(b) في هذه الأثناء ، في قدر صغير ، اخلطي مكونات الصلصة من خلال الحرارة. تقدم مع كرات اللحم ؛

(c) خيار التجميد: قم بتجميد كرات اللحم المبردة في حاويات التجميد. للاستخدام ، قم بإذابة الثلج جزئيًا في الثلاجة طوال الليل. سخن المقلاة الهوائية على 350 درجة. أعد تسخينها حتى 35 دقيقة. اصنع الصلصة حسب التوجيهات.

49. البنجر مع البرتقال Gremolata

التحضير: 25 دقيقة. الطبخ: 45 دقيقة. + تبريد

يصنع 12 حصة

المقادير :

* 3 حبات شمندر ذهبي طازج متوسط (حوالي 1 باوند)

* 3 حبات شمندر طازج متوسط الحجم (حوالي 1 باوند)

* 2 ملاعق كبيرة عصير ليمون

* 2 ملاعق كبيرة عصير برتقال

* 1/2 ملعقة صغيرة ملح بحر ناعم

* 1 ملعقة كبيرة بقدونس طازج مفروم

* 1 ملعقة كبيرة حكيم طازج مفروم

* 1 فص ثوم مفروم

* 1 ملعقة صغيرة من قشر البرتقال المبشور

* 3 ملاعق كبيرة جبن ماعز مفتت

* 2 ملاعق كبيرة حبات عباد الشمس

الاتجاهات :

139

( ) سخن المقلاة الهوائية على 400 درجة مئوية.

( ) افرك البنجر وتقليم القمم بمقدار 1 بوصة. ضع البنجر على ورق قصدير شديد التحمل بسمك مزدوج (حوالي 24 × 12 بوصة). قم بطي ورق القصدير حول البنجر ، وختم بإحكام.

( ) ضع طبقة واحدة على صينية في سلة المقلاة الهوائية. يُطهى حتى يصبح طريًا ، 4555 دقيقة. افتح ورق القصدير بعناية للسماح للبخار بالخروج.

( ) عندما يبرد بدرجة كافية للتعامل مع البنجر ، يقشر ، ويقطع نصفين ويقطع إلى شرائح ؛ ضع في وعاء التقديم. أضف عصير الليمون وعصير البرتقال والملح. إرم إلى معطف. يُمزج البقدونس والمريمية والثوم وقشر البرتقال ؛ يرش فوق البنجر. ضعي فوقها جبن الماعز وحبوب عباد الشمس. قدميها دافئة أو مبردة.

50. سمك السلمون مع السبانخ البلسمي

يصنع 4 حصص

المقادير :

- 3 ملاعق صغيرة زيت زيتون مقسمة

- 4 شرائح سلمون (6 أونصات لكل منها)

- 11/2 ملعقة صغيرة من بهارات المأكولات البحرية قليلة الصوديوم

- 1/4 ملعقة صغيرة فلفل

- 1 فص ثوم مقطع إلى شرائح

- اندفاعة رقائق الفلفل الأحمر المطحون

- 10 أكواب من السبانخ الطازجة (حوالي 10 أونصات)

- 6 حبات طماطم صغيرة ، منزوعة البذور ومقطعة إلى 1/2 بوصة قِطَع

- 1/2 كوب خل بلسمي

الاتجاهات :

a) سخن المقلاة الهوائية مسبقًا إلى 450 درجة. افركي 1 ملعقة صغيرة زيت على جانبي السلمون. يرش بهارات المأكولات البحرية والفلفل.

b) على دفعات إذا لزم الأمر ، ضع السلمون على صينية مدهونة في سلة المقلاة الهوائية. اطبخي حتى يبدأ السمك في التقشر بسهولة بالشوكة ، لمدة 10-12 دقيقة.

c) في هذه الأثناء ، ضعي ما تبقى من الزيت والثوم ورقائق الفلفل في 6 قيراط مخزون. يسخن على نار متوسطة منخفضة حتى ينضج الثوم لمدة 34 دقيقة. قم بزيادة الحرارة إلى متوسطة - عالية.

d) أضف السبانخ يُطهى ويُحرّك حتى يذبل ، 34 دقيقة. يقلب في الطماطم. من خلال الحرارة. يقسم على 4 أطباق تقديم.

e) في قدر صغير ، يُغلى الخل. اطبخي حتى ينخفض الخل بمقدار النصف ، 23 دقيقة. يرفع فورا عن الحرارة.

f) للتقديم ، يوضع السلمون فوق خليط السبانخ. رشي مع طلاء بلسمي.

51.باتي باتي مقلي بالثوم والأعشاب

يصنع 4 حصص

المقادير :

- 5 أكواب اسكواش صغيرة مقطعة إلى أنصاف (حوالي 11/4 رطل)
- 1 ملعقة طعام زيت زيتون
- 2 فص ثوم مفروم
- ملح 1/2 ملعقة صغيرة
- 1/4 ملعقة صغيرة اوريجانو مجفف
- 1/4 ملعقة صغيرة زعتر مجفف
- 1/4 ملعقة صغيرة فلفل
- 1 ملعقة كبيرة بقدونس طازج مفروم

الاتجاهات :

a) سخن المقلاة الهوائية على 375 درجة مئوية. ضع القرع في وعاء كبير. اخلطي الزيت والثوم والملح والأوريغانو والزعتر والفلفل. رش على القرع.

إرم إلى معطف. ضع القرع على صينية مدهونة في سلة المقلاة الهوائية. يُطهى المزيج حتى يصبح طريًا ، من 10 إلى 15 دقيقة ، مع التحريك من حين لآخر.

يرش البقدونس.

52. قلاية دجاج باللوز

يصنع 2 حصص

المقادير :

1 بيضة كبيرة

1/4 كوب لبن

1 ملعقة صغيرة ملح ثوم

1/2 ملعقة صغيرة فلفل

1 كوب لوز مقطع ناعماً

قطعتان من صدور الدجاج منزوعة العظم والجلد (6 أونصات لكل منهما)

● اختياري: صلصة رانش أو صلصة باربيكيو أو خردل بالعسل

الاتجاهات :

سخن المقلاة الهوائية على 350 درجة. في وعاء ضحل ، اخفقي البيض واللبن وملح الثوم والفلفل. ضعي اللوز في وعاء مسطح آخر. اغمس الدجاج في خليط البيض ، ثم في اللوز ، وربت على طبقة الطلاء.

b) ضعي الدجاج في طبقة واحدة على صينية مدهونة بالزبدة في سلة المقلاة الهوائية. سبريتز مع رذاذ الطبخ.

c) اطبخي حتى يقرأ مقياس الحرارة في الدجاج ما لا يقل عن 165 درجة ، 1518 دقيقة. إذا رغبت في ذلك ، قدميه مع صلصة الرانش أو صلصة الباربيكيو أو الخردل.

53. روبيان جمبري

الحصص: 4

المقادير :

- 4 ملاعق كبيرة زبدة
- 1 ملعقة كبيرة عصير ليمون
- 1 ملعقة كبيرة (ثوم مفروم
- 2 ملاعق صغيرة من رقائق الفلفل الأحمر
- 1 ملعقة كبيرة من الثوم المعمر المفروم
- 1 ملعقة كبيرة ريحان مفروم طازج
- 2 مرق دجاج
- 1 رطل. الروبيان الخام

الاتجاهات :

a) قم بتحويل المقلاة الهوائية إلى 330 درجة فهرنهايت. ضع وعاءًا معدنيًا بحجم 6 × 3 واتركه يبدأ في التسخين أثناء تجميع مكوناتك.

h) رش أوراق الريحان الطازجة الإضافية واستمتع بها.

54.قلاية دجاج كابريزي محشي بالهواء

المحصول: 23 حصة

المقادير :

- 2 صدور دجاج بدون عظم وجلد
- 1 طماطم روما مقطعة إلى شرائح
- 1/4 باوند جبن موزاريلا طازجة مقطعة إلى شرائح
- 6 أوراق ريحان طازجة
- 1 ملعقة كبيرة توابل إيطالية
- 1 ملعقة صغيرة ملح
- 1/2 ملعقة صغيرة فلفل
- 1 ملعقة صغيرة زيت زيتون بكر ممتاز
- 1 ملعقة صغيرة خل بلسميك (اختياري)
- رشة ملح وفلفل

الاتجاهات :

a) تحضير دجاج الكابريزي المحشي: قطعي جيبًا عريضًا إلى الجانب السميك من كل صدر دجاج مع تقطيعه إلى الجانب الآخر تقريبًا ولكن ليس بالكامل. افتح الدجاج

155

المقلي. رشي الدجاج بالتساوي بالزيت وتبليه بالملح والفلفل.

( ) على النصف الأيمن من كل صدر دجاج ، ضعي شرائح الموتزاريلا وشرائح الطماطم والريحان الطازج.

( ) قم بطي الجانب الأيسر من الدجاج المقلي بالزبدة بحذر على اليمين وأغلقه بـ 24 عود أسنان.

( ) تبلي الجزء العلوي من كل صدر بالتوابل الإيطالية وقليل من الملح والفلفل.

( ) رش رذاذ الطبخ فوق كل صدر دجاج متبل

( ) سخن المقلاة الهوائية على 350 درجة فهرنهايت.

( ) غلف السلة ببطانة أو ورق مقلاة هوائية. نضيف صدور الدجاج المحشوة.

( ) يُطهى 350 درجة 2530 دقيقة أو حتى تصل درجة حرارة الدجاج الداخلية إلى 165 درجة فهرنهايت.

( ) قم برش الخل البلسمي قبل التقديم (في حالة الاستخدام).

55. المقلاة الهوائية السلمون بالأعشاب

الحصص: 2

المقادير :

8 أوقية. فيليه سمك السلمون من Sizzle ، لقد استخدمت قطعتين ، 4 أوقية من شرائح سمك السلمون Sockeye من Sizzle

1 ملعقة صغيرة Herbes de Provence

1/4 ملعقة صغيرة ملح البحر الطبيعي القديم

1/4 ملعقة صغيرة فلفل أسود

1/4 ملعقة صغيرة بابريكا مدخنة

2 ملاعق كبيرة زيت زيتون

1 ملعقة كبيرة زبدة متبلة

الاتجاهات :

) جفف فيليه بمنشفة ورقية وقم بتشغيل السطح برفق للتأكد من عدم وجود عظام

) رشي زيت الزيتون على السمك وافركيه على جانبي السمك

) اخلطي التوابل ورشيها على جانبي السمك

158

d) اقلب مقلاة الهواء إلى 390 درجة واطهيها لمدة 58 دقيقة.

e) قم بإذابة الزبدة المتبله لمدة 30 ثانية في الميكروويف وصبها فوق السمك قبل تناولها.

56. شرائح الفطر

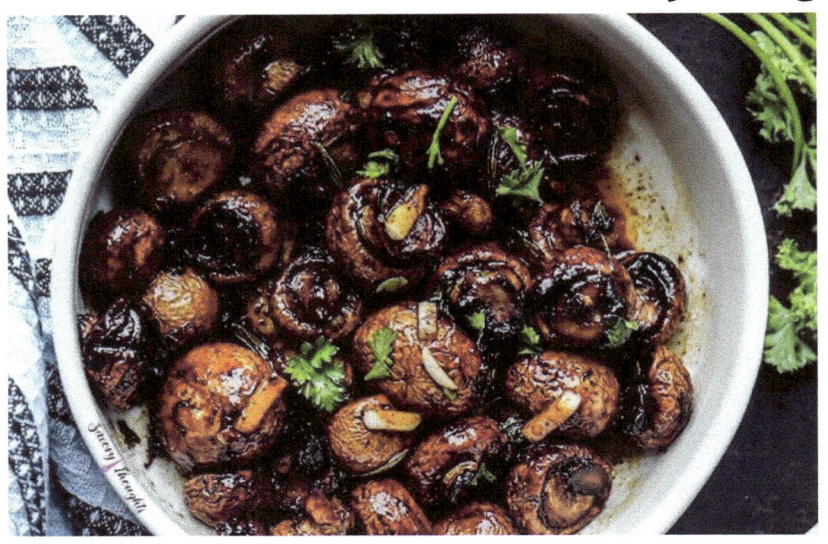

الحصص: 4

المقادير :

- 4 فطر بورتوبيللو كبير

- 23 ملاعق طعام زيت زيتون

- 2 ملاعق صغيرة صلصة تماري صويا

- 1 ملعقة صغيرة بيوريه ثوم

- ملح للتذوق

الاتجاهات :

a) سخن المقلاة الهوائية على 350 درجة فهرنهايت / 180 درجة مئوية.

b) نظف الفطر بقطعة قماش مبللة أو فرشاة وأزل السيقان.

c) اخلطي زيت الزيتون وصلصة الصويا تاماري وبوريه الثوم والملح في وعاء.

d) يضاف الفطر ويخلط حتى يغطى. يمكنك أيضًا استخدام فرشاة لتغطية الفطر بالمزيج. يمكنك الطهي على الفور ، أو ترك الفطر يرتاح لمدة 10 دقائق قبل الطهي.

( ) يُضاف الفطر إلى سلة المقلاة الهوائية ويُطهى لمدة 810 دقائق.

( ) قدمي الفطر بالثوم مع بعض السلطة الخضراء.

57. أطباق ستيك وخضروات

العائد: 6

المقادير :

2 كيه سي ستيك ستيك

1 كوب فلفل أحمر مقطع إلى مكعبات

1 كوب فلفل أخضر مقطع إلى مكعبات

1 كوب كوسة صفراء ، مقطعة إلى مكعبات

• 1 كوب فطر مقطع شرائح

1/4 كوب بصل ابيض مقطع مكعبات

1/2 ملعقة كبيرة بهار ستيك

رذاذ الطبخ بزيت الزيتون

الاتجاهات :

(قطّع الستيك إلى قطع مكعبات أصغر.

(رش سلة المقلاة الهوائية.

(ضع شرائح اللحم والخضروات في المقلاة الهوائية.

(رشي التوابل بالتساوي.

164

e) رش بخاخ زيت الزيتون.

f) طهي لمدة 7 دقائق على 390 درجة.

g) افتح الغطاء بحذر وحرك المكونات واخلطها ، ثم غلفها برذاذ زيت زيتون إضافي.

h) اطبخي لمدة 8 دقائق إضافية على حرارة 390 درجة أو حتى تنضج حسب تفضيلاتك.

165

58. روبيان وخضار مقلاة هوائية

العائد: 4

المقادير :

● روبيان صغير مقشر و منزوع الدهن

● 1 كيس خضار مشكلة مجمدة

● 1 ملعقة كبيرة توابل كاجون

● بخاخ زيت الزيتون

● ارز مطبوخ

الاتجاهات :

a) أضف الروبيان والخضروات إلى المقلاة الهوائية.

b) ضعي فوقها توابل الكاجون ورشيها بطبقة متساوية من الرذاذ.

c) يُطهى على درجة حرارة 355 درجة لمدة 10 دقائق.

d) افتحي بحذر واخلطي الروبيان والخضروات.

e) استمر في الطهي لمدة 10 دقائق إضافية عند 355 درجة.

f) قدميها فوق الأرز المطبوخ.

59.الهليون والبارميزان ولحم الخنزير الخشخشة

يخدم 4

المقادير :

- حزمتان من الهليون الطازج (130 جم لكل منهما)

- 1 بيضة كبيرة مخفوقة (51 جم)

- نصف ملعقة صغيرة (1 جم) من مسحوق الثوم

- 12 كوب (12 جرام) قشر لحم خنزير مطحون

- 2 ملاعق كبيرة (40 جم) من جبن البارميزان المبشور

الاتجاهات :

(a) ضع ورق الخبز في المقلاة الهوائية.

(b) على طبق ، يُمزج مسحوق الثوم وقشر لحم الخنزير المسحوق وجبن البارميزان. يتبل بملح البحر والفلفل المكسر.

(c) تدحرج حبات الهليون في بياض البيض ثم في البهارات.

(d) ضعها في سلة المقلاة الهوائية. يُطهى على حرارة 180 درجة مئوية لمدة 4 دقائق.

(e) اقلبها واطبخها لمدة 4 دقائق إضافية أو حتى تصبح ذهبية اللون ومقرمشة.

60. سلمون الخردل الحلو

يخدم 2

المقادير :

- 2 فيليه سلمون كبير (440 جم)
- 1 ملعقة صغيرة (4.6 جم) زيت زيتون
- ملعقتان كبيرتان (46 جم) خردل حبوب كاملة
- 1 ملعقة كبيرة (12 جرام) ناتفيا
- 1 فص ثوم مهروس (3 جم)
- نصف ملعقة صغيرة (1.3 جرام) من أوراق الزعتر

الاتجاهات :

a) في وعاء صغير ، اخفقي جميع المكونات معًا.

b) يُوزّع فوق السلمون ويُطهى على حرارة 180 درجة مئوية لمدة 12 دقيقة.

61. شرحات لحم الضأن بالبيستو والبارميزان

يخدم 2

المقادير :

- 4 شرحات من لحم الضأن (300 جم)

- 2 ملعقة كبيرة (46 جم) ريحان بيستو

- 2 ملاعق كبيرة (40 جم) من جبن البارميزان المبشـور

الاتجاهات :

a) سـخن المقلاة الهوائية على درجة حرارة 180 درجة مئوية لمدة 3 دقائق.

b) ضعي شـرحات لحم الضأن في المقلاة الهوائية.

c) يُطهى على حرارة 200 درجة مئوية لمدة 5 دقائق.

d) يُمزج بيسـتو الريحان وجبن البارميزان ويتبل بالفلفل الحار.

e) تقلب شـرحات ، وتوضع فوقها خليط البيسـتو.

f) طهي لمدة 7 دقائق.

g) استرح لمدة 5 دقائق قبل إزالته للتقديم.

Pesto Cutlets 9 Prosciutto.*62*

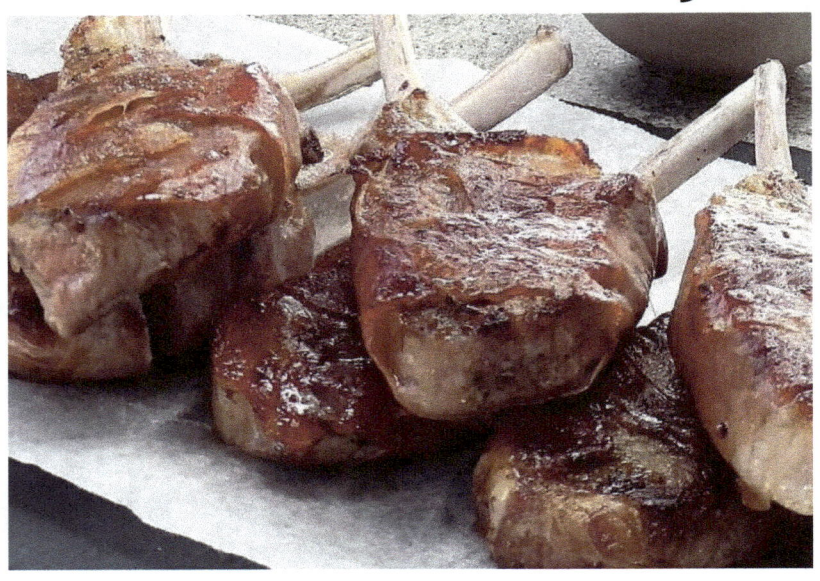

يخدم 2

المقادير :

a)   4 شرحات من لحم الضأن (216 جم)

b)   4 شرائح بروسيوتو (70 جم)

c)   2 ملعقة كبيرة (46 جم) ريحان بيستو

الاتجاهات :

a)   سخن مقلاة هوائية على درجة حرارة 180 درجة مئوية لمدة 3 دقائق. ضعي شرحات لحم الضأن في المقلاة الهوائية .يُطهى على حرارة 200 درجة مئوية لمدة 5 دقائق.

b)   في غضون ذلك ، ضعي 4 شرائح من بروسكيوتو على سطح نظيف. باستخدام الملقط ، قم بإزالة شرحات ، ووضع كل منها على شريط من بروسسيوتو. قم بلف كل كستلاتة مع صلصة البيستو بالريحان ، ولفها بالبروسسيوتو.

c)   ارجعي إلى سلة المقلاة الهوائية واطهيها على حرارة 180 درجة مئوية لمدة 7 دقائق. استرح لمدة 5 دقائق قبل إزالته للتقديم.

175

63. سمك السلمون المشوي مع البيستو

الكمية تكفي 2

مكونات

- 4 فيليه سلمون بسمك 2 بوصة
- 2 أونصة بيستو أخضر
- ملح وفلفل أسود
- نصف ملعقة كبيرة من زيت الكانولا للتشحيم

مكونات الصلصة الخضراء

- 11/2 كوب مايونيز
- 2 ملاعق كبيرة زبادي يوناني
- ملح وفلفل أسود حسب الرغبة

الاتجاهات

a) افركي السلمون بالبيستو والملح والزيت والفلفل الأسود.
b) في وعاء صغير ، اخفقي جميع مكونات الصلصة الخضراء معًا.
c) ضع شرائح السمك في السلة.
d) اضبط وضع AIR FRY لمدة 18 دقيقة عند 390 درجة فهرنهايت.
e) بمجرد الانتهاء من الطهي ، قدميه مع رذاذ الصلصة الخضراء.

64. تشيكن تشيميتشانجاس مقلاة هوائية

مكونات

- 2 رطل أفخاذ دجاج منزوعة العظم والجلد ، مطبوخة ومقطعة

- 1 ملعقة كبيرة توابل تاكو

- عبوة (8 أونصات) من الجبن الكريمي ، طرية

- 2 كوب جبن مكسيكي مبشور

- 6 تورتيلا

- 1 ملعقة كبيرة زيت زيتون أو بخاخ زيت زيتون

الاتجاهات :

(a) سخن المقلاة الهوائية على 360 درجة.

(b) تقطع أفخاذ الدجاج.

(c) اخلطي الدجاج والجبن الكريمي والجبن المبشور والتوابل (إذا لزم الأمر).

(d) ضعي ما يقرب من نصف كوب من خليط الدجاج في وسط كل خبز تورتيلا دقيق. اضغط لأسفل.

(e) قم بطي التورتيلا فوق الحشوة عن طريق طي الجوانب أولاً ثم لف chimichanga مثل البوريتو.

179

- قم بدهن زيت الزيتون على جميع جوانب كل شيميتشانجا أو رشه بالتساوي بزيت الزيتون. ضعها في سلة المقلاة الهوائية بحيث يكون جانب التماس لأسفل.

- يُطهى في المقلاة الهوائية لمدة 4 دقائق تقريبًا قبل التقليب والطهي لمدة 4 إلى 8 دقائق أخرى.

قدميها مع الأفوكادو أو الجبن الإضافي أو الكريما الحامضة أو الصلصة أو الطبقة المفضلة لديك.

65. نودلز الكوسة بالجبنة

العائد: 2

مكونات

4 أكواب نودلز كوسة

2 ملاعق كبيرة مايونيز

1/2 كوب جبن بارميزان مبشور

يتبل بالملح والفلفل الأسود (اختياري)

الاتجاهات :

- حول الكوسة إلى نودلز. الميكروويف لمدة 3 دقائق.

- خذ منشفة ورقية وحاول امتصاص أي رطوبة قد تتراكم في الوعاء والكوسة .

- اخلطي نودلز الكوسة والمايونيز وجبنة البارميزان. تأكد من تغطية المعكرونة جيدًا.

- رش سلة المقلاة الهوائية برذاذ الطهي.

- ضع المعكرونة في السلة واطهيها على حرارة 400 درجة فهرنهايت لمدة 5-7 دقائق.

- تحقق بعد 5 دقائق للتأكد من أنها لا تصبح بنية اللون.

أطباق جانبية

66.كرنب بلسمي بروكسل ولحم الخنزير المقدد

الحصص: 4

المقادير :

- $\frac{3}{4}$ إلى 1 رطل. كرة قدم
- 1 ملعقة صغيرة زيت زيتون
- 1 ملعقة صغيرة خل بلسميك
- شريحتان من لحم الخنزير المقدد ، خالي من النترات
- 1 رشة ملح وفلفل حسب الرغبة

الاتجاهات :

a) اغسل وقص كرنب بروكسل أولًا تقليم نهاية الجذع القاسية وإزالة أي أوراق تالفة. جففهم بالتربيت عليها.

b) سخن المقلاة الهوائية على 380 درجة فهرنهايت. لمدة 3 دقائق

c) في وعاء متوسط الحجم ، أضيفي الزيت والخل البلسمي.

- قطع شرائح لحم الخنزير المقدد إلى قطع بوصة واحدة. أضيفي البراعم إلى سلة المقلاة الهوائية وضعي قطع لحم الخنزير المقدد فوقها.

- قم بقليها في الهواء لمدة 16-18 دقيقة ، وقم بهز السلة مرة واحدة على الأقل خلال فترة الطهي.

- تحقق من نضجها باستخدام شوكة وأضف دقيقة أو دقيقتين للقلي ، إذا لزم الأمر.

67. فجل محمص بالثوم والبارميزان

العائد: 2 حصص

المقادير :

12 أوقية. كيس فجل مشذب ومقطع إلى أنصاف

1 ملعقة كبيرة (16 جرام) زيت زيتون مقسم

- 1 فص ثوم مهروس

- رشة ملح كوشير

2 ملاعق كبيرة (15 جرام) من جبن البارميزان المبشور

- 1/4 ملعقة صغيرة فلفل أحمر وبقدونس رقائق

الاتجاهات :

- قطّع الفجل إلى نصفين (ربع أي فجل كبير جدًا) وقلّب بنصف ملعقة كبيرة (8 جم) من زيت الزيتون. يُضاف الفجل إلى سلة المقلاة الهوائية ويُطهى لمدة 8 دقائق على حرارة 400 درجة فهرنهايت.

- في نفس الوعاء ، أضيفي 1/2 ملعقة طعام متبقية من زيت الزيتون ، والثوم المسحوق ، والملح ، والفلفل الأحمر ، ورقائق البقدونس. قلب كل شيء معًا.

188

c) بعد 8 دقائق في المقلاة الهوائية ، أضيفي الفجل مرة أخرى إلى الوعاء مع خليط زيت الزيتون ، وقلبيهم حتى يتغطى بالتساوي. أضيفي جبن البارميزان المبشور وحركي كل شيء معًا حتى يتساوى الفجل في جبن البارميزان.

d) ضع الفجل مرة أخرى في سلة المقلاة الهوائية واطهيه لمدة 68 دقيقة إضافية على حرارة 400 درجة فهرنهايت حتى يصبح لونه بنياً ذهبياً مقرمشاً.

.68 القرنبيط المقلاة الهوائية

الحصص: 4

المقادير :

- 3/4 ملاعق كبيرة صلصة حارة
- 1 ملعقة كبيرة زيت أفوكادو
- ملح للتذوق
- 1 رأس متوسط من القرنبيط ، مقطّع إلى قطع صغيرة ، مغسول ومربّى بالكامل جافًا

الاتجاهات :

a) سخن المقلاة الهوائية مسبقًا إلى 400 درجة فهرنهايت / 200 درجة مئوية

b) اخلطي الصلصة الحارة ودقيق اللوز وزيت الأفوكادو والملح في وعاء كبير.

c) نضيف القرنبيط ونخلط حتى يغطى.

d) أضيفي نصف القرنبيط إلى المقلاة الهوائية واقليها لمدة 12-15 دقيقة (أو حتى تصبح مقرمشة عند الحواف مع القليل من اللدغة ، أو تصل إلى درجة النضج المرغوبة).

(تأكد من فتح المقلاة الهوائية وهز سلة القلي 23 مرة لقلب القرنبيط. تُرفع عن النار وتوضع جانباً.

(أضيفي الدفعة الثانية ، لكن اطهيها لمدة 23 دقيقة أقل .

(قدميها دافئة (على الرغم من إمكانية تقديمها باردة أيضًا) مع بعض الصلصة الحارة الإضافية للغطس.

69. جيكاما فرايز

الحصص 4

المقادير :

8 أكواب جيكاما مقشرة ومقطعة إلى أعواد ثقاب رفيعة

2 ملاعق كبيرة زيت زيتون

1/2 ملعقة صغيرة بودرة ثوم

1 ملعقة صغيرة كمون

1 ملعقة صغيرة ملح البحر

1/4 ملعقة صغيرة فلفل أسود

1/2 كوب جبن شيدر (مبشور)

1/4 كوب بصل أخضر (مقطع)

الاتجاهات :

1) اغلي قدرًا كبيرًا من الماء على الموقد. أضيفي بطاطس الجيكاما واتركيها تغلي لمدة 12 إلى 15 دقيقة ، حتى لا تصبح مقرمشة.

2) عندما لا تصبح الجيكاما مقرمشة بعد الآن ، قم بإزالتها واتركها حتى تجف.

c) اضبط فرن المقلاة الهوائية على 400 درجة واتركه يسخن لمدة 2 إلى 3 دقائق. ادهن رفوف أو سلة المقلاة الهوائية التي ستستخدمها.

d) ضعي البطاطس في وعاء كبير مع زيت الزيتون ومسحوق الثوم والكمون وملح البحر. إرم إلى معطف.

70. كابوبس خضار

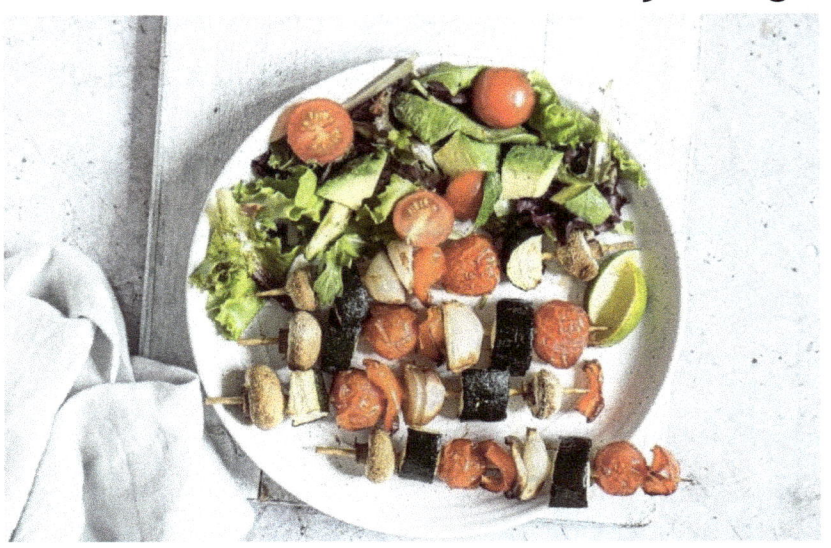

الحصص: 6

المقادير :

- 1 كوب (75 جم) فطر
- 1 كوب (200 جم) طماطم عنب
- 1 كوسة صغيرة مقطعة إلى قطع
- 1/2 ملعقة صغيرة كمون مطحون
- 1/2 فلفل رومي مقطع إلى شرائح
- 1 بصلة صغيرة مقطعة إلى قطع (أو 34 كراث صغير ، نصفين)
- ملح للتذوق

الاتجاهات :

a) نقع الأسياخ في الماء لمدة 10 دقائق على الأقل قبل الاستخدام .

b) سخن المقلاة الهوائية على درجة حرارة 390 فهرنهايت / 198 درجة مئوية.

(ضعي الخضار في الأسياخ.

(ضع الأسياخ في المقلاة الهوائية وتأكد من أنها ليست ملامسة. إذا كانت سلة المقلاة الهوائية صغيرة ، فقد تحتاج إلى قطع أطراف الأسياخ لتناسبها.

(طهي لمدة 10 دقائق ، مع قلب منتصف وقت الطهي. نظرًا لأن درجات حرارة المقلاة الهوائية يمكن أن تختلف ، ابدأ بوقت أقل ثم أضف المزيد حسب الحاجة.

(انقل الكابوبس النباتي إلى طبق وقدميه.

71.الاسكواش السباغيتي

الكمية تكفي 2

المقادير :

- 1 (2 رطل) اسباجيتي اسكواش
- 1 كوب ماء
- الكزبرة للتقديم
- 2 ملاعق كبيرة كزبرة طازجة للتزيين

الاتجاهات :

(قطعي القرع إلى نصفين. قم بإزالة البذور من مركزها.

(صب كوبًا من الماء في وعاء الإناء الفوري وضع الركيزة بالداخل.

(رتب نصفي القرع على الركيزة ، بحيث يكون جانب الجلد لأسفل.

(قم بتأمين الغطاء وحدد "يدوي" بضغط عالٍ لمدة 20 دقيقة.

(بعد الصفارة ، قم بتحرير طبيعي وإزالة الغطاء.

(قم بإزالة القرع واستخدم شوكتين لتقطيعه من الداخل.

(قدميها مع حشوة لحم الخنزير الحارة إذا لزم الأمر.

200

72. سلطة الخيار والكينوا

يخدم 4

المقادير :

نصف كوب كينوا مغسولة
نصف كوب ماء
نصف ملعقة صغيرة ملح
$\frac{1}{2}$ جزرة مقشرة ومقطعة
$\frac{1}{2}$ خيار مفروم
كوب ادامامي مجمد مذاب
3 بصل أخضر مفروم
1 كوب ملفوف أحمر مبشور
نصف ملعقة كبيرة صلصة الصويا
1 ملعقة كبيرة عصير ليمون
2 ملاعق كبيرة سكر
1 ملعقة طعام زيت نباتي
1 ملعقة كبيرة زنجبيل مبشور طازج
1 ملعقة طعام زيت سمسم
رشة من رقائق الفلفل الأحمر
نصف كوب فول سوداني مفروم
ربع كوب كزبرة مفرومة طازجة
2 ملاعق كبيرة ريحان مفروم

الاتجاهات :

a) أضف الكينوا والملح والماء إلى الإناء الفوري.

b) قم بتأمين الغطاء وحدد الوظيفة "اليدوية" مع الضغط العالي لمدة دقيقة واحدة.

c) بعد الصافرة ، قم بتحرير سريع وإزالة الغطاء.

d) في هذه الأثناء ، أضيفي باقي المكونات إلى وعاء واخلطي جيدًا.

e) أضيفي الكينوا المطبوخة إلى الخليط المجهز واخلطيهم جيداً.

f) تقدم كسلطة.

73. براعم بروكسل المزججة

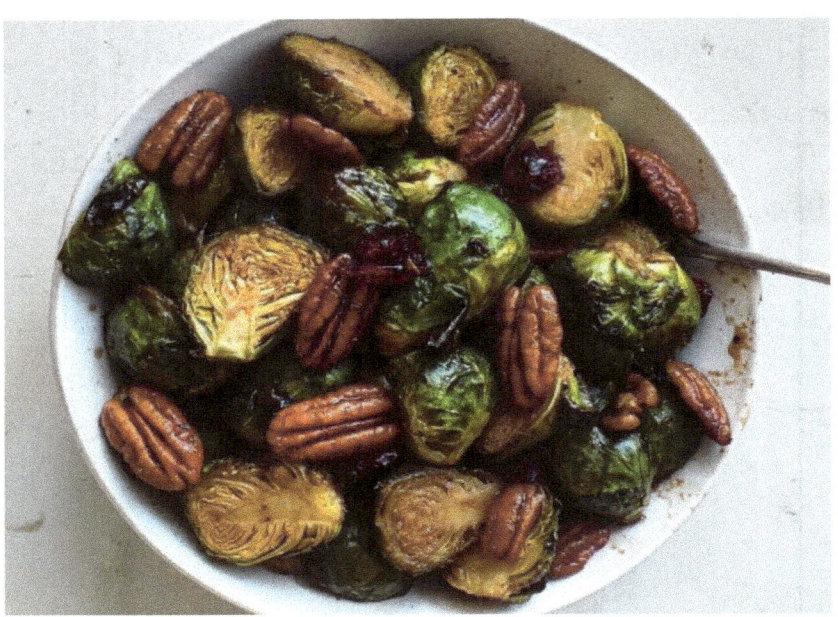

يخدم 4

المقادير :

- 1 رطل. كرنب بروكسل (مشذب)
- 2 ملاعق كبيرة من عصير البرتقال الطازج
- ملعقة صغيرة من قشر البرتقال المبشـور
- $\frac{1}{2}$ ملعقة كبيرة من زبدة توازن الأرض
- 1 ملعقة كبيرة شراب القيقب
- ملح وفلفل أسود حسب الرغبة

الاتجاهات :

a) أضف جميع المكونات إلى القدر الفوري.

b) قم بتأمين الغطاء وحدد الوظيفة "اليدوية" لمدة 4 دقائق مع الضغط العالي.

c) قم بتحرير سريع بعد الصفير ثم قم بإزالة الغطاء.

d) يقلب جيدا ويقدم على الفور.

74. بطاطس لايم

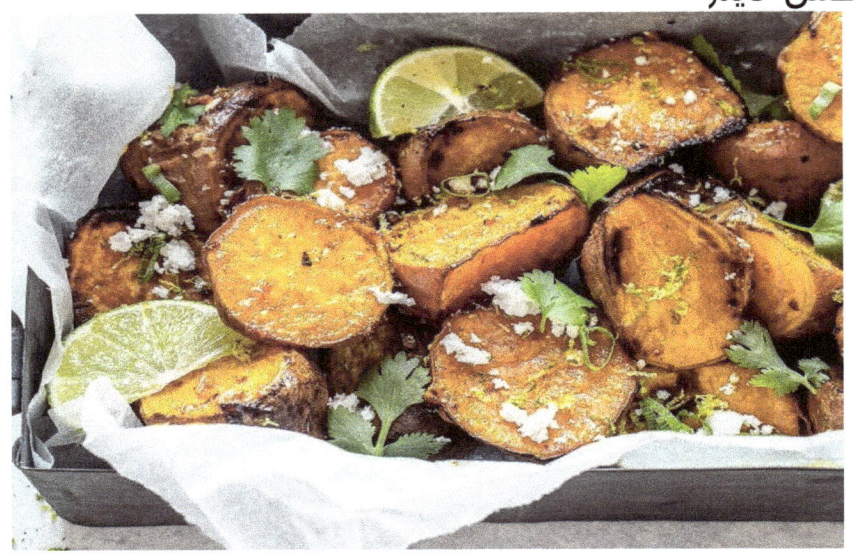

الكمية تكفي 2

المقادير :

- نصف ملعقة زيت زيتون
- 2 1/2 بطاطس متوسطة الحجم مقشرة ومقطعة إلى مكعبات
- 1 ملعقة كبيرة إكليل الجبل الطازج المفروم
- فلفل أسود مطحون طازجًا حسب الرغبة
- نصف كوب مرق نباتي
- 1 ملعقة كبيرة عصير ليمون طازج

الاتجاهات :

a) ضعي الزيت والبطاطس والفلفل وإكليل الجبل في إناء سريع التحضير.

b) يقلى لمدة 4 دقائق مع التحريك المستمر.

c) أضف جميع المكونات المتبقية في وعاء Instant Pot.

d) قم بتأمين الغطاء وحدد الوظيفة "اليدوية" لمدة 6 دقائق باستخدام ضغط مرتفع.

e) قم بتحرير سريع بعد الصفير ثم قم بإزالة الغطاء.

f) قلبي بلطف وقدميه ساخناً.

75. مزيج براعم بروكسل والطماطم

يخدم 4

المقادير :

- 1 رطل. كرة قدم؛ قلص
- 6 طماطم كرزية نصف
- 1/4 كوب بصل أخضر مقطع.
- 1 ملعقة طعام زيت زيتون
- ملح وفلفل أسود حسب الرغبة

الاتجاهات :

a) تبلي براعم بروكسل بالملح والفلفل ، وضعيها في المقلاة الهوائية ، واطهيها على درجة حرارة 350 فهرنهايت ، لمدة 10 دقائق.

b) انقليهم إلى وعاء ، أضيفي الملح والفلفل والطماطم الكرزية والبصل الأخضر وزيت الزيتون وقلبيهم جيدًا وقدميهم.

76. فجل هاش

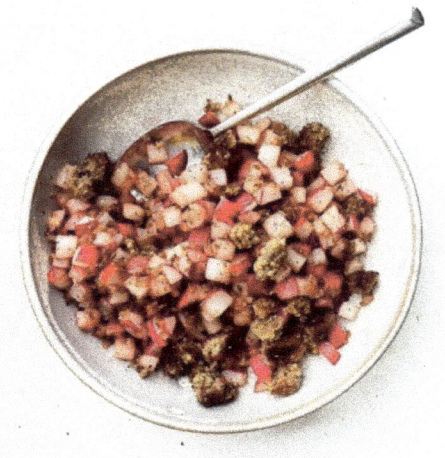

يخدم 4

المقادير :

- 1/2 ملعقة صغيرة مسحوق بصل
- 1/3 كوب جبن بارميزان مبشور
- 4 بيضات
- 1 رطل. فجل؛ مقطع إلى شرائح
- 1/2 ملعقة صغيرة بودرة ثوم
- ملح وفلفل أسود حسب الرغبة

الاتجاهات

a) في وعاء؛ يخلط الفجل بالملح والفلفل والبصل ومسحوق الثوم والبيض والبارميزان ويقلب جيدا

b) انقل الفجل إلى المقلاة التي تناسب المقلاة الهوائية واطهيها على 350 درجة

c) درجة فهرنهايت ، لمدة 7 دقائق

d) قسّم التجزئة بين الأطباق وقدمها.

77. فطر بالأعشاب والقشطة

تكفي: 4

المقادير :

- 1 رطل فطر متنوع ، مغسول ومقطّع
- 2 ملاعق كبيرة صلصة الصويا الخالية من السكر
- الملح والفلفل حسب الذوق
- 1 ملعقة طعام زيت زيتون
- 2 ملاعق كبيرة من البقدونس المفروم الطازج للتقديم
- 2 ملاعق كبيرة كريمة حامضة للتقديم

الاتجاهات :

a) قم بتسخين آلة Air Fryer إلى 180 درجة فهرنهايت

b) ضع جميع المكونات في كيس الفراغ.

c) أغلق الكيس وضعه في الحمام المائي واضبط المؤقت لمدة 30 دقيقة.

d) عندما يحين الوقت ، قدميه على الفور مع الكريمة الحامضة والبقدونس المفروم.

213

78. نبات الهليون

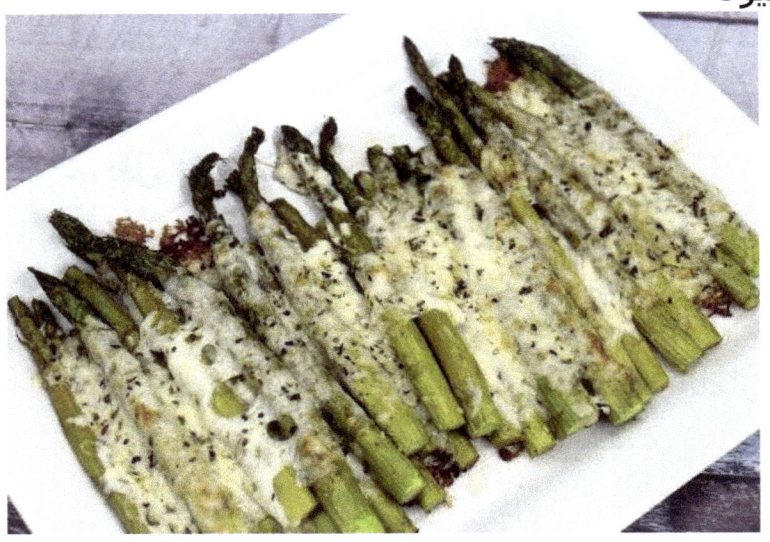

تكفي: 4

المقادير :

- 1 رطل من الهليون
- 1 فص ثوم مفروم
- 1 ملعقة طعام زيت زيتون
- عصير نصف ليمونة
- الملح والفلفل حسب الذوق

الاتجاهات :

a) قم بتسخين آلة Air Fryer على 135 درجة فهرنهايت
b) ضع جميع المكونات في كيس الفراغ.
c) أغلق الكيس ، ضعه في حمام مائي واضبط المؤقت لمدة ساعة.
d) عندما يحين الوقت ، قدم على الفور كطبق جانبي أو مقبلات.

79. زبدة جزر

تكفي: 4

المقادير :

- 1 رطل جزر صغير مقشر
- 2 ملاعق كبيرة زبدة
- الملح والفلفل حسب الذوق
- 1 ملعقة كبيرة سكر بني

الاتجاهات :

a) قم بتسخين آلة Air Fryer على 185 درجة فهرنهايت

b) ضع جميع المكونات في كيس الفراغ.

c) أغلق الكيس ، ضعه في حمام مائي واضبط المؤقت لمدة ساعة.

d) عندما يحين الوقت ، قدم على الفور كطبق جانبي أو مقبلات.

80. الباذنجان على الطريقة الآسيوية

تكفي: 4

المقادير :

- 1 رطل من الباذنجان مقطع إلى شرائح
- 2 ملاعق كبيرة صلصة الصويا الخالية من السكر
- 6 ملاعق كبيرة زيت سمسم
- 1 ملعقة كبيرة بذور سمسم للتقديم
- الملح والفلفل حسب الذوق

الاتجاهات :

a) قم بتسخين آلة Air Fryer على 185 درجة فهرنهايت
b) ضع جميع المكونات في كيس الفراغ.
c) أغلق الكيس ، ضعه في حمام مائي واضبط المؤقت على 50 دقيقة.
d) عندما يحين الوقت ، حمّر الباذنجان في مقلاة من الحديد الزهر لبضع دقائق.
e) تقدم مباشرة مع رش بذور السمسم.

81. زبدة ذرة على قطعة خبز

تكفي: 4

المقادير :

- 4 حبات ذرة ، مغسولة ومقطعة
- 2 ملاعق كبيرة زبدة
- ملح للتذوق
- 2-3 أغصان بقدونس

الاتجاهات :

a) قم بتسخين آلة Air Fryer على 185 درجة فهرنهايت
b) ضع أذني الذرة في كيس الفراغ وأضف الزبدة والملح والبقدونس.
c) أغلق الكيس ، ضعه في حمام مائي واضبط المؤقت لمدة 30 دقيقة.
d) عندما يحين الوقت ، قم بإزالة أغصان البقدونس وقدم الذرة.

82. فاصوليا خضراء حار على الطريقة الصينية

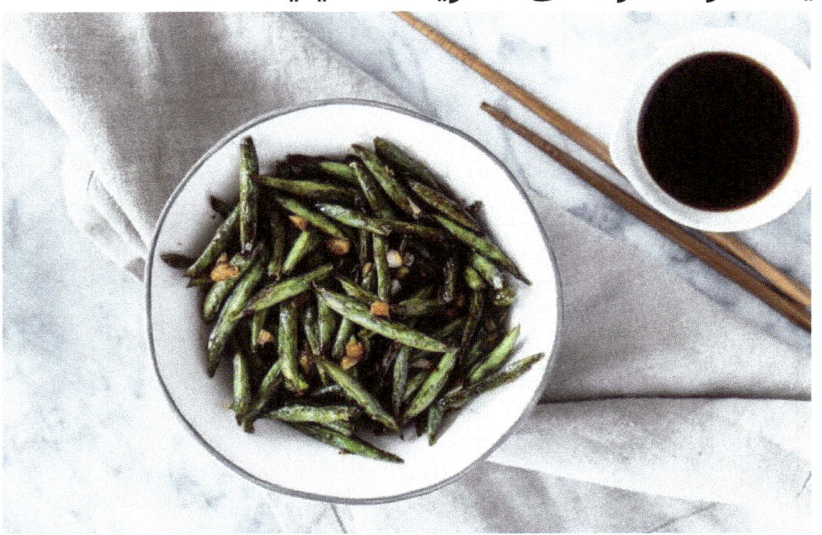

تكفي: 4

المقادير :

- 1 باوند طويل الفاصوليا الخضراء
- 2 ملاعق كبيرة صلصة الفلفل الحار
- 2 فص ثوم مفروم
- 1 ملعقة كبيرة بصل بودرة
- 1 ملعقة كبيرة زيت سمسم
- ملح للتذوق
- 2 ملاعق طعام من بذور السمسم للتقديم

الاتجاهات :

a) قم بتسخين آلة Air Fryer على 185 درجة فهرنهايت.
b) ضع المكونات في كيس الفراغ.
c) أغلق الكيس ، ضعه في حمام مائي واضبط المؤقت لمدة ساعة.
d) نرش الفول ببذور السمسم ويقدم.

83. مزيج الباذنجان والكوسا بالأعشاب

يخدم 4

المقادير :

- 1 باذنجان تكعيب تقريبًا
- 3 كوسة تكعيب تقريبًا
- 2 ملاعق كبيرة عصير ليمون
- 1 ملعقة صغيرة زعتر مجففة
- ملح وفلفل أسـود حسـب الرغبة
- 1 ملعقة صغيرة زعتر مجففة
- 3 ملاعق كبيرة زيت زيتون

الاتجاهات :

a) ضعي الباذنجان في طبق يناسب المقلاة الهوائية ،
وأضيفي الكوسـة وعصير الليمون والملح والفلفل والزعتر
والأوريغانو وزيت الزيتون ، ثم ضعيها في المقلاة الهوائية
واطهيها على درجة حرارة 360 درجة فهرنهايت لمدة 8
دقائق

b) يقسـم بين الأطباق ويقدم على الفور.

84. مسلوق بوك تشوي

الكمية تكفي 2

المقادير :

- 1 فص توم مهروس
- 1 حزمة بوك تشوي ، مشذبة
- 1 كوب ماء أو أكثر
- الملح والفلفل حسب الذوق

الاتجاهات :

a) يُضاف الماء والثوم والملفوف الصيني إلى القدر الفوري.
b) قم بتأمين الغطاء وحدد الوظيفة "اليدوية" لمدة 7 دقائق مع الضغط العالي.
c) بعد الصافرة ، قم بتحرير سريع وإزالة الغطاء.
d) صفي الملفوف الصيني المطبوخ وانقله إلى طبق.
e) يرش بعض الملح والفلفل على الوجه.
f) يخدم.

85. مقلاة الهواء الباذنجان فرايز

التقديم: 2

مكونات

- 2 حبة باذنجان
- 2 بيض كبير
- 1 كوب بانكو لحم خنزير
- ربع كوب جبن بارميزان مبشور
- 1 ملعقة صغيرة بودرة ثوم
- 1 ملعقة صغيرة بقدونس مجفف
- ملعقة صغيرة زعتر مجفف
- ½ ملعقة صغيرة ريحان مجفف
- ¼ ملعقة صغيرة زعتر مجفف
- ملعقة صغيرة إكليل الجبل المجفف
- 2 ملعقة صغيرة جبن بارميزان مبشور
- صلصة مارينارا دافئة (للغمس)

الاتجاهات :

- قطع الساق ونهايات الزهرة من الباذنجان. قشر القشر الأرجواني من الباذنجان.
- قطّع الباذنجان المقشر إلى شرائح بسمك 1.27 سم بطول 4-4 بوصات (10-11 سم). حاول أن تجعلهم جميعًا بنفس الحجم تقريبًا لمزيد من الطهي. سيؤدي قطع أعواد الباذنجان السميكة أو الرقيقة إلى تغيير وقت القلي في الهواء.
- اخفقي بيضتين في وعاء متوسط الحجم.
- في وعاء آخر ، اخلطي البانكو مع نصف كوب من جبن البارميزان ومسحوق الثوم والبقدونس والأوريجانو والريحان والزعتر وإكليل الجبل.
- اغمس كل زريعة باذنجان في البيض ثم غلفها بخليط لحم الخنزير والبانكو. ضعي البطاطس المقلية في طبقة واحدة غير ملامسة على صواني المقلاة الهوائية. قم بتغطية كل البطاطس المقلية.
- نصيحة لا تضع البطاطس المقلية على صواني المقلاة الهوائية! قم بطهيها على دفعات متعددة إذا لزم الأمر.

g) ضعي بطاطس البارميزان الباذنجان في المقلاة الهوائية لمدة 5 دقائق عند 375 درجة فهرنهايت (190 درجة مئوية). ثم قم بتبديل موضع الصواني في فرن المقلاة الهوائية وقم بالطهي لمدة 5 دقائق إضافية عند 375 درجة فهرنهايت (190 درجة مئوية)لا يجب أن تقلب البطاطس المقلية.

h) إذا لم تكن بطاطس الباذنجان طرية بدرجة كافية في المنتصف في هذه المرحلة ، قم بتغيير موضع صواني المقلاة الهوائية مرة أخرى. قم بقليها في الهواء لمدة 2-3 دقائق أخرى عند 375 درجة فهرنهايت (190 درجة مئوية).

i) نرش بطاطس الباذنجان بالملعقة الصغيرة المتبقية من جبن البارميزان. دعهم يبردوا قليلاً قبل تقديمه مع صلصة المارينارا الدافئة.

86.مقلاة الهواء كولرابي فرايز

YIELD: 6

مكونات

- 1 رطل. زيت الزيتون البكر الممتاز
- 2 ملاعق كبيرة ملح كوشير خشن
- 1 ملعقة صغيرة بابريكا
- 1 ملعقة صغيرة ثوم بودرة
- نصف ملعقة صغيرة

الاتجاهات :

a) استخدم سكين الطاهي الحاد لقطع الأوراق من جذر الكرنب.

b) قطع الجلد الخارجي الصلب من الجذور.

c) بمجرد تقشيرها ، يجب تقطيع الجذر إلى شرائح بوصة ثم تقطيعها إلى شرائح جوليان سميكة بوصة.

d) ضعي شرائح جوليان في وعاء خلط كبير.

e) نضيف باقي المكونات ونقلب جيداً. أضيفي نصف البطاطس المقلية إلى سلة المقلاة الهوائية واطهيها على حرارة 350 فهرنهايت لمدة 10 دقائق.

رجي السلة ثم اطهيها على درجة حرارة أعلى لفترة أقصر ، وهي 6 دقائق عند 400 فهرنهايت.

كرر مع البطاطس المقلية المتبقية.

تذوق البطاطس المقلية مع إضافة الملح حسب الرغبة. قدميها مع الكاتشب.

حَلوَى

87. كوكيز شوكليت تشيب

حصص 12 كوكيز

المقادير :

• نصف كوب زبدة

نصف كوب جبن كريمي

1 بيضة مخفوقة

1 ملعقة صغيرة فانيليا

نصف كوب اريثريتول

كوب دقيق جوز الهند

كوب رقائق شوكولاتة خالية من السكر

الاتجاهات :

سخن المقلاة الهوائية مسبقًا إلى 350 درجة فهرنهايت.
غلف سلة المقلاة الهوائية بورق زبدة وضع البسكويت
بالداخل

في وعاء نخلط الزبدة والجبن. يُضاف الإريثريتول
ومستخلص الفانيليا ويُخفق حتى يصبح رقيقًا. أضيفي
البيضة واخفقيها حتى تتجانس. يُمزج في دقيق جوز

الهند ورقائق الشوكولاتة. دع العجينة ترتاح لمدة 10 دقائق.

c) استخرج حوالي 1 ملعقة كبيرة من العجين وشكل ملفات تعريف الارتباط.

d) توضع البسكويت في سلة المقلاة الهوائية وتُطهى لمدة 6 دقائق.

88. براونيز المقلاة الهوائية

العائد: 2 حصص

المقادير :

- 1/3 كوب دقيق لوز

- 3 ملاعق كبيرة مسحوق محلي

- 1/2 ملعقة صغيرة بيكنج بودر

- 2 ملاعق كبيرة مسحوق كاكاو غير محلى

- 1 بيضة

- 4 ملاعق كبيرة زبدة مذابة

- 2 ملاعق كبيرة رقائق الشوكولاته

- 2 ملاعق كبيرة جوز البقان المفروم

الاتجاهات :

a) سخن المقلاة الهوائية على 350 درجة.

b) في وعاء للخلط ، اخلطي دقيق اللوز ، والبيكنج بودر ، ومسحوق الكاكاو ، ومسحوق التحلية معًا.

c) نضيف البيض والزبدة المذابة إلى المكونات الجافة ، ونخفق على نار عالية حتى تصبح ناعمة.

(يقلب في البقان ورقائق الشوكولاتة.

(افصل الخليط إلى سلطتين منفصلتين مدهونة جيدًا.

(قم بطهي الكعك لمدة 10 دقائق بعيدًا عن مصدر الحرارة في الجزء العلوي من المقلاة الهوائية قدر الإمكان.

89.تشيز كيك بيري

نعم ield: 8

المقادير :

قطعتان من الجبن الكريمي الطري

1 كوب + 2 ملاعق كبيرة من محلي الحلويات

2 بيض

1 ملعقة صغيرة من خلاصة التوت

1 كوب توت

الاتجاهات :

(في وعاء خلط كبير ، اخفقي جبنة الكريمة ومحلي سويرف حتى يصبح المزيج كريميًا.

(أضف البيض وخلاصة التوت. اخلط جيدا.

(في الخلاط أو معالج الطعام ، اسحق التوت ثم اخلطه مع خليط التشيز كيك مع ملعقتين إضافيتين من سويرف.

(دهن مقلاة على شكل زنبرك ثم ضعيها في الخليط بالملعقة. لقد استخدمت مقلاة على شكل زنبركي مقاس 7 بوصات.

e) ضع المقلاة في سلة المقلاة الهوائية واطهيها على درجة حرارة 300 فهرنهايت لمدة 10 دقائق. ثم خفض درجة الحرارة إلى 250 درجة فهرنهايت لمدة 40 دقيقة. أنت تعلم أن الأمر قد انتهى عندما تهز المقلاة برفق ويبدو أن كل شيء يبدو مضبوطًا ولكن الوسط يهتز قليلاً.

f) أخرجيها واتركيها تبرد قليلًاقبل وضعها في الثلاجة. احتفظ بها في الثلاجة لمدة 24 ساعة. كلما كان ذلك أفضل للسماح له بالإعداد الكامل.

90. دونات في المقلاة الهوائية

6 خدمات

المقادير :

- 1 كوب دقيق لوز 125 جرام
- نصف كوب إريثريتول محبب 60 جرام
- 1 ملعقة صغيرة بيكنج بودر
- ¼ ملعقة صغيرة صمغ الزانثان
- نصف ملعقة صغيرة ملح
- 2 بيض في درجة حرارة الغرفة
- 2 ملاعق كبيرة زيت جوز الهند المذاب
- 2 ملاعق كبيرة من حليب اللوز غير المحلى
- نصف ملعقة صغيرة من خلاصة الفانيليا
- نصف ملعقة صغيرة من الستيفيا السائلة
- طلاء الفرفة والسكر
- 4 ملاعق كبيرة من الإريثريتول المحبب
- 1 ملعقة صغيرة قرفة

الاتجاهات :

في وعاء كبير ، اخفقي دقيق اللوز والإريثريتول والبيكنج بودر وعلكة الزانثان والملح معًا.

في وعاء متوسط ، اخفقي البيض في درجة حرارة الغرفة. اخفقي في زيت جوز الهند المذاب وحليب اللوز والفانيليا وستيفيا السائلة. يُسكب المزيج في الوعاء مع المكونات الجافة ويُحرّك المزيج.

سخن المقلاة الهوائية إلى 330 درجة فهرنهايت لمدة 3 دقائق. رش صواني الدونات أو قوالب بزيت الأفوكادو.

قم بتقطيع عجينة الأنبوب إلى ستة تجاويف دونات بحجم 3 بوصات ، تملأ حوالي 3/4 ممتلئ. اضغط على المقلاة على المنضدة لتسوية الخليط وتقليل فقاعات الهواء.

تُخبز الكعك في المقلاة الهوائية على درجة حرارة 330 فهرنهايت لمدة 8 دقائق. تحقق من النضج باستخدام عود أسنان.

تُرفع الدونات من المقلاة الهوائية وتترك لتبرد في المقلاة لمدة 5 دقائق. في هذه الأثناء ، اخلطي الإريثريتول والقرفة في وعاء.

بعد وقت التبريد ، أخرجي الدونات بحذر من المقلاة وغطي وجهي كل دونات بمزيج القرفة والسكر.

h) ضع الكعك المغلف في المقلاة الهوائية مع جعل الجانب المسطح لأسفل. اخبزيها على حرارة 350 درجة فهرنهايت لمدة دقيقتين ، وغطيها على الفور بسكر القرفة لمرة أخيرة. يتمتع!

91. كعكة الفانيليا والفراولة والكريمة

6 خدمات

المقادير :

- 1 كوب (100 جم) وجبة لوز
- نصف كوب (75 جم) ناتفيا
- 1 ملعقة صغيرة (5 جم) بيكنج بودر
- ملعقتان كبيرتان (40 جم) من زيت جوز الهند
- 2 بيض كبير (51 جرام لكل منهما)
- 1 ملعقة صغيرة (5 جم) خلاصة فانيليا
- 300 مل كريم بارد
- 200 جرام فراولة طازجة ناضجة

الاتجاهات :

a) سخن المقلاة الهوائية على درجة حرارة 180 درجة مئوية لمدة 3 دقائق.

b) في وعاء كبير ، اخلطي دقيق اللوز ، ناتفيا والبيكنج باودر مع قليل من ملح البحر.

يُضاف زيت جوز الهند والبيض والفانيليا ويُحرّك المزيج جيدًا.

ادهني قالب كيك 16 سم بقليل من زيت جوز الهند.

باستخدام ملعقة ، اكشطي الخليط في قالب الكعكة.

ادخل سلة المقلاة الهوائية وقم بتغطيتها بغطاء رقائق.

يُطهى على درجة حرارة 160 درجة مئوية لمدة 20 دقيقة.

أزيلي ورق القصدير واطهيه لمدة 10 دقائق أخرى أو حتى يخرج سيخ نظيف.

عندما تبرد ، اخفقي الكريمة الباردة بمضرب كهربائي لمدة 5 دقائق أو حتى تتشكل قمم قاسية.

تُوزّع فوق الكعكة وتُرتب شرائح الفراولة في الأعلى.

بدءًا من الخارج ، استخدم الشرائح الأكبر (الجانب المدبب للخارج) تدريجيًا في طريقك.

تداخل كل طبقة لإنشاء ارتفاع.

92. التوت الإسكافي

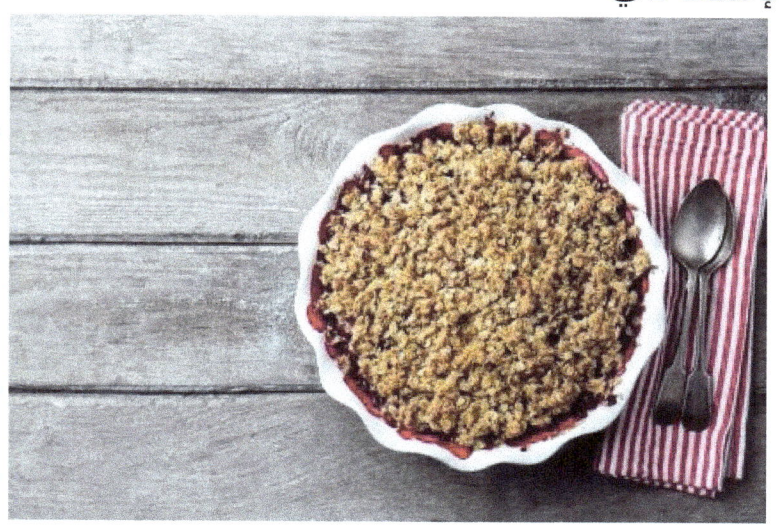

يخدم 4

المقادير :

2 كوب (250 جم) من العنب البري المجمد ، مذاب

نصف كوب (120 جم) زبدة طرية

نصف كوب (38 جرام) ناتفيا

2 بيضة (51 جرام لكل منهما)

نصف كوب (50 جم) وجبة لوز

1 ملعقة صغيرة (5 جم) خلاصة فانيليا

الاتجاهات :

سخن المقلاة الهوائية على درجة حرارة 180 درجة مئوية لمدة 3 دقائق.

ضع العنب البري المذاب في قاعدة طبق من السيراميك مقاس 8 × 8 سم أو قالب رغيف.

في وعاء ، اخلطي باقي المكونات مع قليل من ملح البحر وضعيها بالملعقة فوق التوت الأزرق.

كزة برفق لخلط مزيج التوت واللوز قليلاً.

e)   ضع الطبق في المقلاة الهوائية.

f)   غطيها بورق احباط.

g)   اخبزيها في درجة حرارة 180 درجة مئوية لمدة 10 دقائق. يُرفع ورق القصدير ويُخبز لمدة 5 دقائق أخرى أو حتى يصبح لونه بنيًا جيدًا.

93. كعكة الشوكولاتة Bundt

6 خدمات

المقادير :

- 1 1/2 كوب (150 جم) وجبة لوز
- نصف كوب (75 جم) ناتفيا
- نصف كوب (30 جم) من مسحوق الكاكاو غير المحلى
- 1 ملعقة صغيرة (5 جم) بيكنج بودر
- نصف كوب (85 جم) من حليب اللوز غير المحلى
- 2 بيض كبير (51 جرام لكل منهما)
- 1 ملعقة صغيرة (5 جم) خلاصة فانيليا

الاتجاهات :

a) سخن المقلاة الهوائية على درجة حرارة 180 درجة مئوية لمدة 3 دقائق.

b) في وعاء خلط كبير ، قلبي جميع المكونات حتى تمتزج جيدًا.

c) رش علبة صغيرة بالزيت. ملحوظة: تأتي علب الكعك المدمجة بأحجام مختلفة ، وسيعتمد الحجم الذي

تحتاجه على حجم المقلاة الهوائية. رذاذ خفيف بالزيت أو فرشـاة بالزبدة المذابة سـيمنع الالتصاق .

• اغرف الخليط في القصدير.

• توضع في سـلة المقلاة الهوائية وتُطهى على حرارة 160 درجة مئوية لمدة 10 دقائق.

تبرد لمدة 5 دقائق قبل الإزالة.

94. العملاق PB كوكي

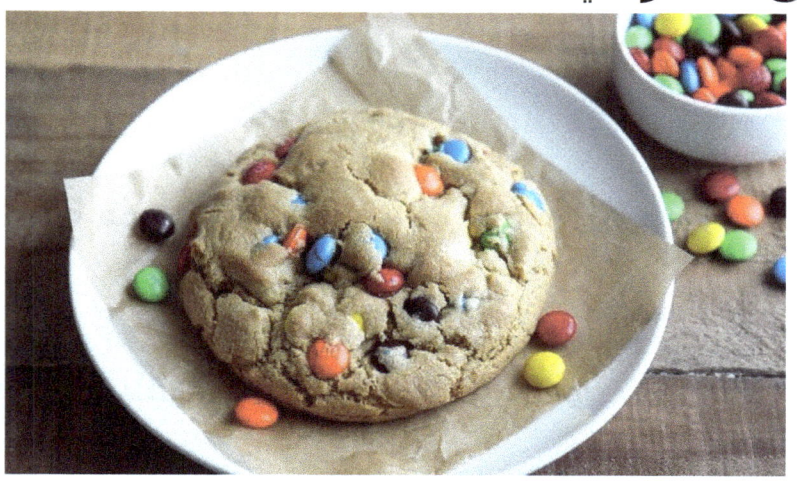

يخدم 4

المقادير :

نصف كوب (33 جم) وجبة لوز

2 ملعقة كبيرة (24 جرام) ناتفيا

1 بيضة كبيرة (51 جرام)

3 ملاعق كبيرة (75 جم) زبدة فول سوداني مقرمشة

1 ملعقة صغيرة (3 جم) قرفة

الاتجاهات :

سخن المقلاة الهوائية على درجة حرارة 180 درجة مئوية لمدة 3 دقائق.

ضعي جميع المكونات في وعاء مع رشة ملح البحر واخلطيها معًا.

يُسكب المزيج على ورق دائري للخبز ويُدفع برفق للانتشار ، مع الحفاظ على سمك الخليط متساويًا قدر الإمكان.

يُطهى على حرارة 180 درجة مئوية لمدة 8 دقائق.

95. بيجل مقلاة الهواء

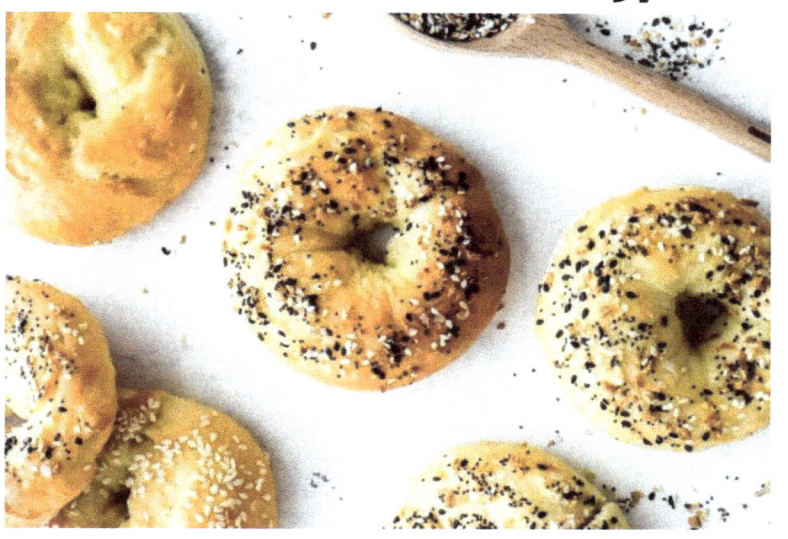

يجعل 4

المقادير :

1 كوب (100 جم) وجبة لوز

نصف ملعقة صغيرة (2.3 جم) من البيكينغ باودر

نصف كوب (75 جم) جبن موزاريلا مبشـور

1 ملعقة كبيرة (20 جم) جبنة كريمية

1 بيضة كبيرة (51 جرام)

الاتجاهات :

• سـخن المقلاة الهوائية على درجة حرارة 180 درجة مئوية لمدة 3 دقائق.

• اخلطي وجبة اللوز والبيكنج باودر. يتبل مع قليل من الملح.

تذوب جبنة الموزاريلا والجبن الكريمي في وعاء في الميكروويف لمدة 30 ثانية.

تبرد ثم تضاف البيضة. يقلب حتى يتجانس.

نضيف وجبة اللوز ونعجنها في عجينة.

f) يقسم إلى 4 أجزاء متساوية ، ولفه إلى نقانق بطول 8 سم.

g) اقرص الأطراف معًا لعمل شكل دونات.

h) ضع على ورق الخبز.

i) تخبز في درجة حرارة 160 درجة مئوية لمدة 10 دقائق.

96. بودنغ الخبز

الكمية تكفي 2

مكونات

- بخاخ غير لاصق لدهن الحلويات
- شريحتان من الخبز الأبيض مفتتتان
- 4 ملاعق كبيرة من السكر الأبيض
- 5 بيضات كبيرة
- نصف كوب كريمة
- ملح ، قرصة
- 1/3 ملعقة صغيرة قرفة مطحونة

الاتجاهات

a) خذ وعاءً واخفق فيه البيض.
b) أضيفي السكر والملح إلى البيضة واخفقيها جيدًا.
c) ثم أضيفي الكريمة واستخدمي المضرب اليدوي لدمج المكونات بالكامل.
d) نضيف القرفة الآن ونضيف فتات الخبز.
e) اخلطيها جيدًا وأضيفيها إلى صينية خبز مستديرة الشكل.
f) ضعها داخل المقلاة الهوائية.
g) اضبطه على وضع AIRFRY عند 350 درجة فهرنهايت لمدة 8-12 دقيقة.
h) بمجرد طهيها ، قدمها.

97.ميني فطائر الفراولة و الكريمة

الكمية تكفي 2

مكونات

- صندوق واحد من عجين الفطيرة الذي تم شراؤه من المتجر ، التاجر جو
- 1 كوب فراولة ، مكعبات
- 3 ملاعق كبيرة كريمة ثقيلة
- 2 ملاعق كبيرة من اللوز
- 1 بياض بيضة للدهن

الاتجاهات :

a) خذ عجين الفطيرة الذي أحضره المتجر وافرده على السطح.

b) استخدم قطاعة مستديرة لتقطيعها إلى دوائر بحجم 3 بوصات.

c) ادهن العجينة ببياض البيض حول البارامترات.

d) نضيف الآن اللوز والفراولة والكريمة بكمية قليلة في وسط العجينة ، ونغطيها بدائرة أخرى.

e) اضغط على الحواف بالشوكة لإغلاقها.

f) اصنع شقًا في منتصف العجين وضعه في السلة.

g) اضبطه على وضع AIR FRY 360 درجة لمدة 10 دقائق.

h) بمجرد الانتهاء ، قدم.

98.أناناس برازيلي مشوي

الحصص: 4

مكونات
- 1 أناناس ، مقشرة ، منزوعة البذور ومقطعة إلى رماح
- 1/2 كوب (110 جم) سكر بني
- 2 ملاعق صغيرة قرفة مطحونة
- 3 ملاعق كبيرة زبدة مذابة

الاتجاهات :

a)   في وعاء صغير ، اخلطي السكر البني والقرفة.

b)   ادهن أعواد الأناناس بالزبدة المذابة. نرش سكر القرفة على الرماح مع الضغط برفق للتأكد من أنها تلتصق جيدًا.

c)   ضع الرماح في سلة المقلاة الهوائية في طبقة واحدة. اعتمادًا على حجم المقلاة الهوائية ، قد تضطر إلى القيام بذلك على دفعات.

d)   اضبط المقلاة على 400 درجة فهرنهايت لمدة 10 دقائق للدفعة الأولى (6-8 دقائق للدفعة التالية حيث سيتم

تسخين المقلاة الهوائية مسبقًا). في منتصف الطريق ،
ادهن بالزبدة المتبقية.

ينضج الأناناس عندما يتم تسخينه ويغلي السكر.

99. قرفة وجوز الهند والموز

مكونات

4 ثمرات موز ناضجة ولكنها صلبة

كوب طحين تابيوكا

2 بيض كبير

1 كوب من رقائق جوز الهند المبشورة

1 ملعقة صغيرة ممتلئة من القرفة المطحونة

رذاذ جوز الهند

الاتجاهات :

قطع كل موزة إلى أثلاث

اصنع خط تجميع:

صب دقيق التابيوكا في طبق ضحل.

اكسر البيض في وعاء ضحل آخر واخفقه برفق.

يُمزج جوز الهند المبشور مع القرفة المطحونة في الطبق الضحل الثالث. اخلط جيدا.

يُنقع الموز في دقيق التابيوكا ويتخلص من الفائض.

g) اغمس الموز في البيض المخفوق. تأكد من أنها مغطاة بالكامل بغسـول البيض.

h) دحرج الموز في رقائق القرفة وجوز الهند لتغطيتها بالكامل. اضغط عليه بقوة للتأكد من أن رقائق جوز الهند ملتصقة بالموز. احتفظ بها في صينية مسطحة.

i) رش سـلة المقلاة الهوائية بزيت جوز الهند.

j) رتبي قطع الموز المغطاة بجوز الهند في سـلة القلاية. رش المزيد من رذاذ جوز الهند.

k) اقلي الهواء على درجة حرارة 270 فهرنهايت لمدة 12 دقيقة.

l) رشيها بالقرفة المطحونة وقدميها دافئة أو في درجة حرارة الغرفة مع ملعقة من الآيس كريم (اختياري).

271

100. فطيرة جوز الهند سهلة

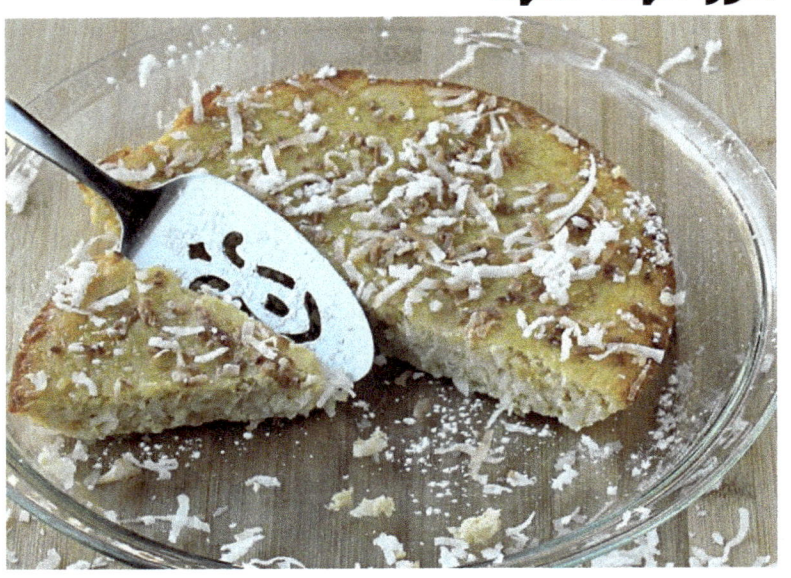

المحصول: 6-8

مكونات

- 2 بيض
- 1 1/2 كوب حليب
- 1/4 كوب زبدة
- 1 1/2 ملعقة صغيرة من خلاصة الفانيليا
- 1 كوب جوز هند مبشور
- 1/2 كوب فاكهة الراهب
- 1/2 كوب دقيق جوز الهند

الاتجاهات :

a) قم بتغطية طبق من 6 فطائر برذاذ غير لاصق واملأه بالخليط استمر في اتباع نفس التعليمات المذكورة أعلاه.

b) اطه في المقلاة الهوائية على حرارة 350 درجة لمدة 10 إلى 12 دقيقة.

افحص الفطيرة في منتصف وقت الطهي للتأكد من أنها لا تحترق ، وأعطِ الطبق دورًا ، واستخدم عود أسنان لاختبار نضجها.

خاتمة

نظرًا لأنه يمكن أن ينتج نتائج مشابهة للقلي العميق باستخدام جزء صغير من الزيت اللازم للقلي العميق ، فإن الفوائد الصحية للمقلاة الهوائية هائلة! عند القلي العميق ، تغمر الطعام في الزيت ، ويمتص الزيت حتماً بواسطة الطعام. في المقلاة الهوائية ، ما زلت تستخدم الزيت لأن الزيت يساعد على هرس العديد من الأطعمة وتحميرها ، لكنك لا تحتاج إلى أكثر من ملعقة واحدة!

Ingram Content Group UK Ltd.
Milton Keynes UK
UKHW020611020623
422767UK00006B/42

9 781835 005736